ALBÉNIZ

Œuvres pour piano

2

알베니스集

《Iberia》 3me Cahier
이베리아 제3권

1) El Albeicín 엘 알바이신   2) El Polo 엘 폴로   3) Lavapiés 라바피에스

《Iberia》 4me Cahier
이베리아 제4권

1) Málaga 말라가   2) Jerez 헤레스   3) Eritaña 에리타냐

《Navarra》
나바라

Edité et Revisé
par

YOSHIKI MORIYASU
JIRO HAMADA

Doigté
par

YOSHIKI MORIYASU

태림스코어

Table des matières

《Iberia》 3me Cahier
이베리아 제3권

1) El Albaicín
（7） 엘 알바이신

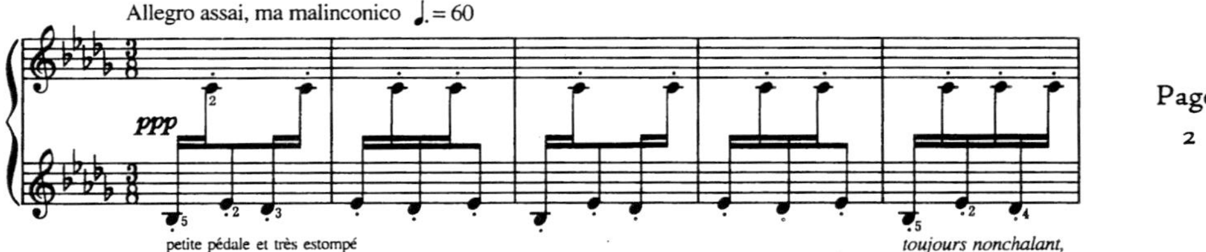

Page 2

2) El Polo
（8） 엘 폴로

Page 18

3) Lavapiés
（9） 라바피에스

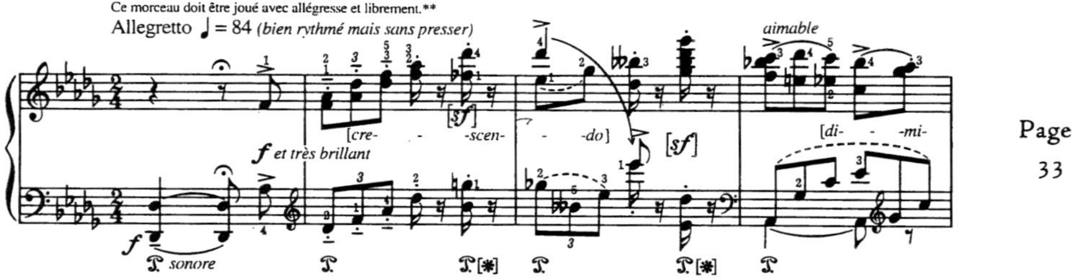

Page 33

【부록】알베니스의 생애와 예술 ············· 1
작품 해설 ························· 3
알베니스 피아노 작품표 ············ 8
교정 보고 ························ 11
연주 노트 ························· 44

《Iberia》 4ᵐᵉ Cahier
이베리아 제 4 권

1) Málaga
(10) 말라가

2) Jerez
(11) 헤레스

3) Eritaña
(12) 에리타냐

《Navarra》
나바라

〈알베니스集〉 제 1 권 수록 작품

이베리아 제 1 권 1) 에보카시온(Evocación)
　　　　　　　　2) 엘 푸에르토(El Puerto)
　　　　　　　　3) 세빌랴의 성체제(Corpus-Christi en Sevilla)

이베리아 제 2 권 1) 론데냐(Rondeña)
　　　　　　　　2) 알메리아(Almería)
　　　　　　　　3) 트리아나(Triaña)

Isaac Albéniz

IBERIA

12 nouvelles "impressions" en quatre cahiers

II

IBERIA 3me Cahier

1. EL ALBAICÍN*

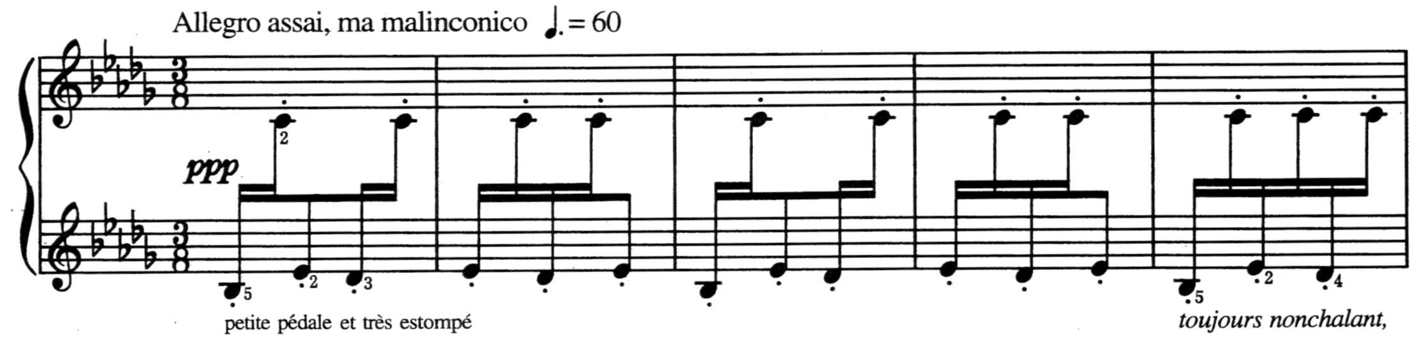

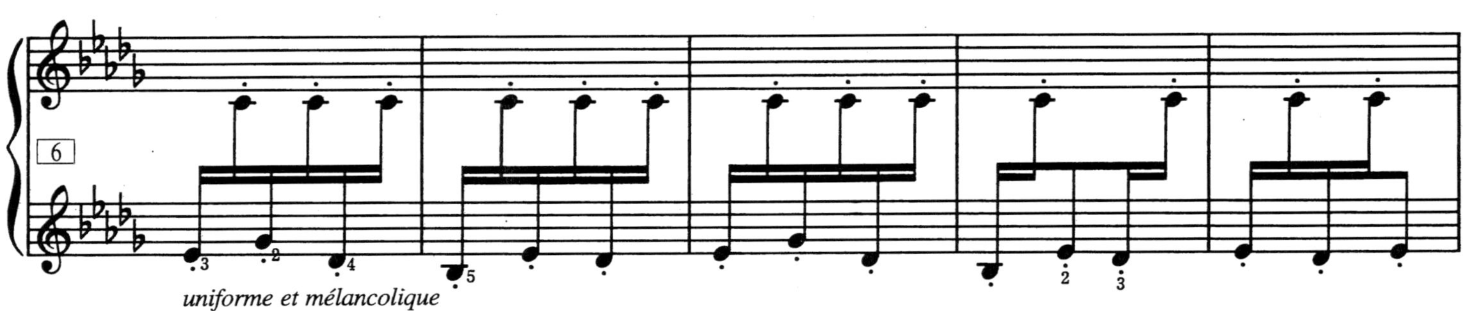

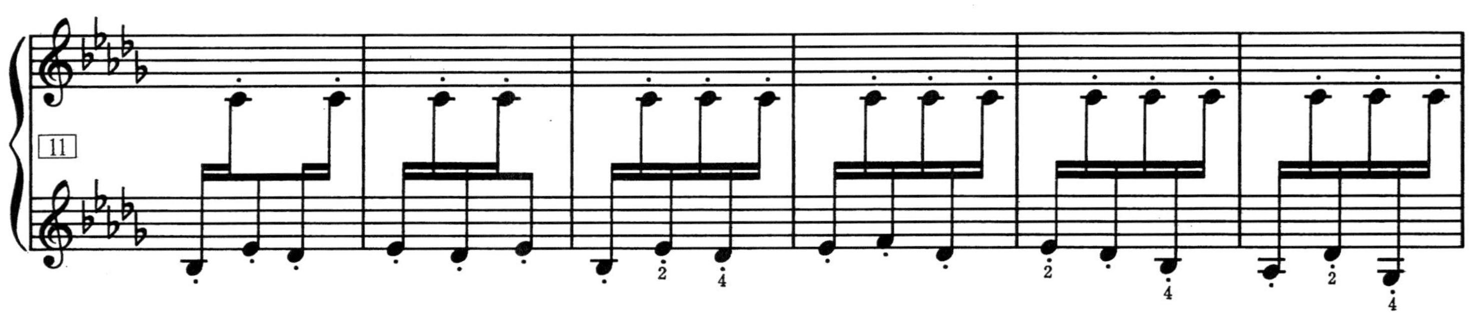

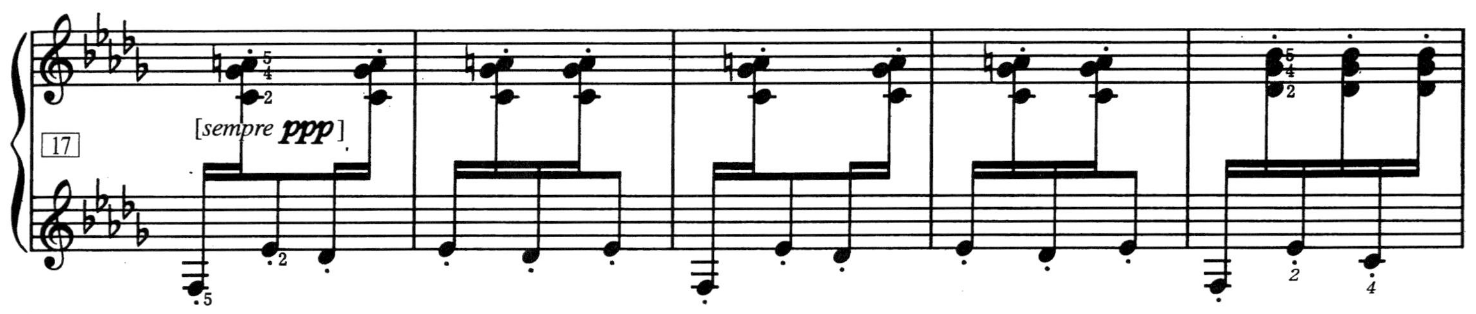

*Quartier gitane à Grenade.
그라나다의 집시 쿼타(原註).

47
cresc.
fff
ff
sf
[sf]
52
sec sec sec
sec sec sec
ff
57
ff strepitoso
sec sec sec
sec sec sec
62
molto sf
sf poco rit.
p
pp
p
rit.
[sopra]
[in tempo]
67
[in tempo]
rit.
stesso tempo che prima
bien articulé
p
avec la petite pédale, et bien uniforme de sonorité, en cherchant celle des
instruments à anche

5
calando
a tempo
ppp céleste
tenuto
72
p
bien articulé
petite pédale
2 Ted.
[*]
a tempo
ppp céleste
calando
77
plus sonore mais
petite pédale
[2] Ted.
[*]
pressez un peu
82
non f
au Mouv.t
ppp céleste
ppp
87
p
Ted.
*
Ted.
poco rubato
a tempo
ppp
92
poco più sf
*
Ted.
*

6
97
mordant
fff
ff
sec sec sec
101
sec sec sec
sec sec sec
ff strepitoso
105
fff
sec sec sec
ff
109
sf
toujours mordant
[simile]
cresc.
113
fff
ff
[simile]

7
117
sec   sec   sec
ff
sec   sec   sec
121
[sec   sec   sec]
sf
125
sf   sf   fff   f
[sopra]
sec   sec   sec
bien articulé et doux
129
petite pédale
a tempo
calando
133
[ppp]
[2]

8
137
calando
a tempo
141
ppp
p
[2]
calando
ca - lan - do
145
ppp
a tempo
149
ppp
f
153
ff
f
3
3
3
senza ped.
3
3
3
senza ped.

157
sf
sf
sf
T.
T. *
T. *
T. *
161
sf
sf
sf
ff
T. *
T. *
T. *
T.
a tempo con anima
sf spiritoso
165
ff
T.
T.
169
ff
sf
T.
T.
sf

toujours sans ralentir
[mf] en dehors
173
[f]
sf
[sf]
ff
sf
[sf]
8
[ff]
[fff]
177
sf
[sf]
m.g.
ff
181
sf
ff
185
ff
ff

189
ff
en dehors
fff
193
[sf]
sf
197
ff
marcato
sf
ff
bien articulé
201
ff
sf
ff

205
ff animato
sf
209
ff sempre
sf
sempre animato
ff
p
f
sf
213
marcato
217

221
en dehors
p ff f sf
p sf
225
pp
chanté
ca- -lan- -do
a tempo
sec sec sec
sec sec sec
229
f
ff
sec sec sec
sec sec sec
234
ff
sf
[in tempo]
239
sf poco rit.
p
pp
p
rit.

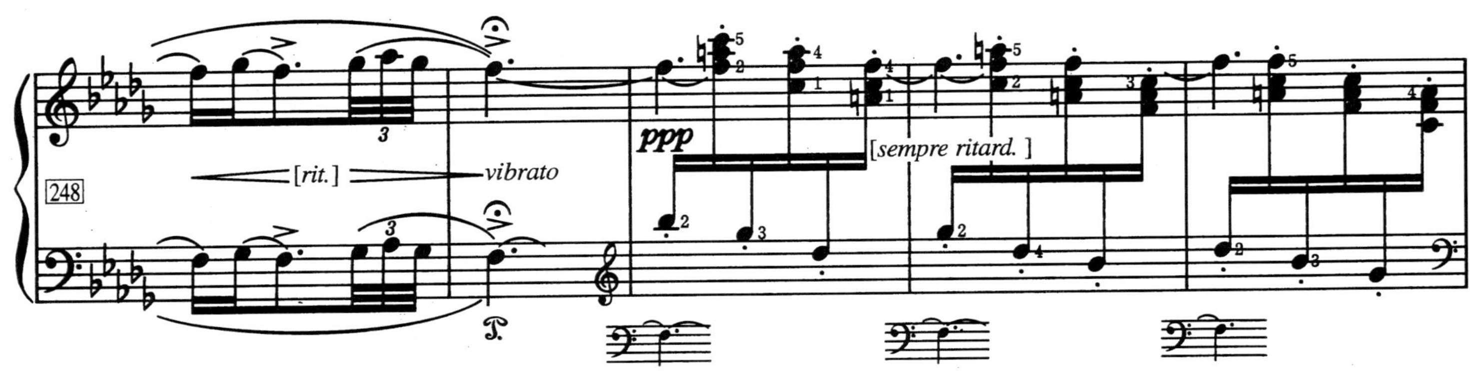

commencez doucement et ne reprenez le mouvement que graduellement, mais toujours un peu retenu.

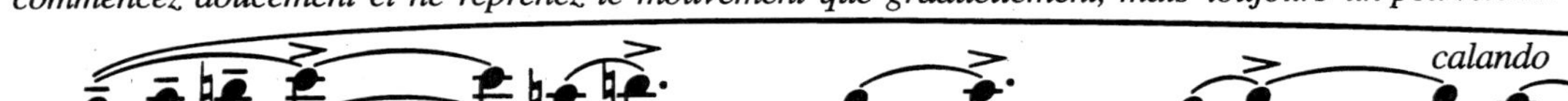

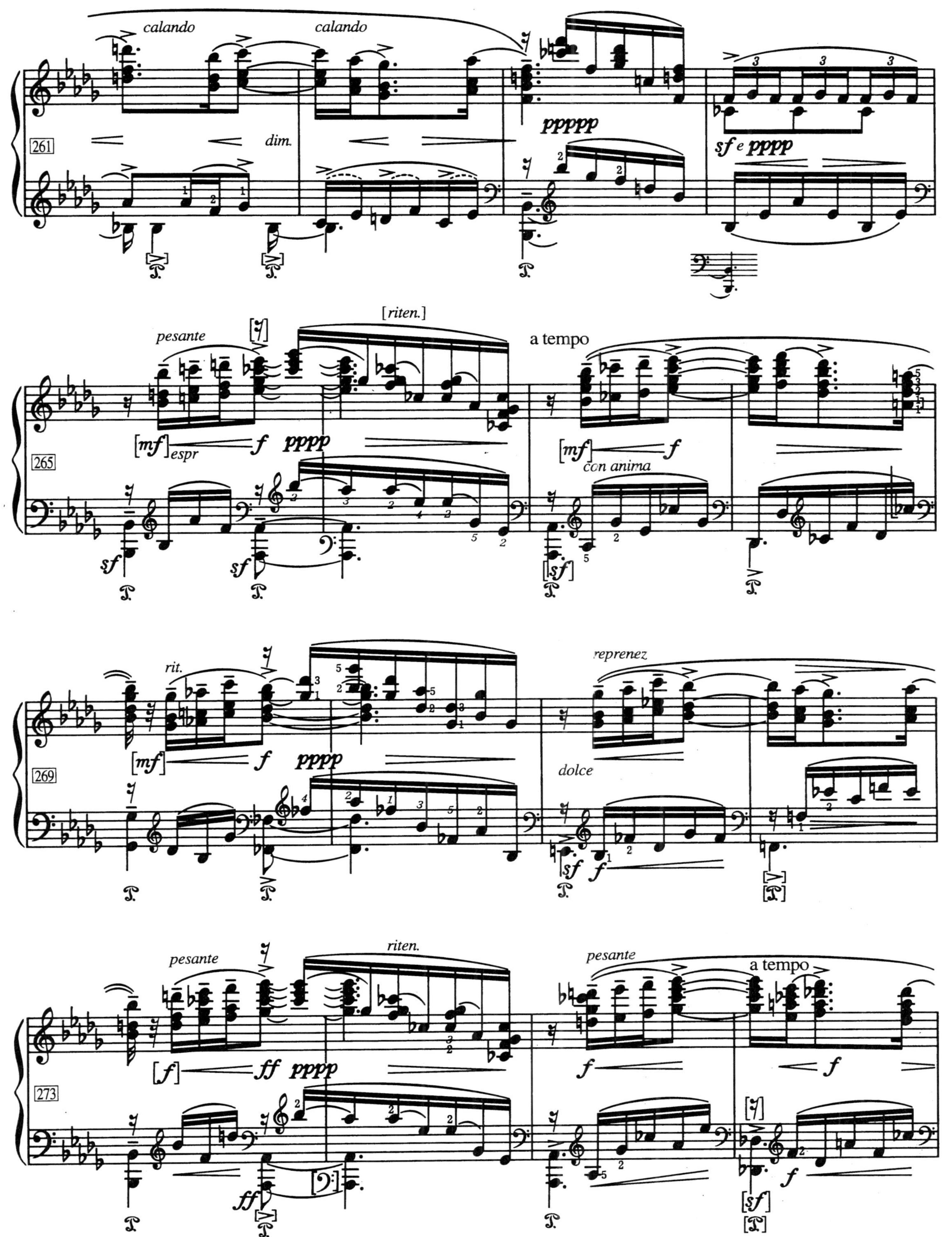
calando
calando
pppp
261
dim.
sf e pppp
pesante
[riten.]
a tempo
[mf] espr
f
pppp
265
[mf]
f
con anima
sf
sf
rit.
reprenez
[mf]
f
pppp
269
dolce
sf
f
pesante
riten.
pesante
a tempo
[f]
ff
pppp
273
f
f
ff
sf

a tempo
pesante
rall.
[mf] [f] pppp
dolce
dim.
277
a tempo
p
sotto voce
281
espress. rall.
pp
a tempo ppp
286
dim. dim. petite pédale
ppp petite pédale et sombrement
291
[ppp]

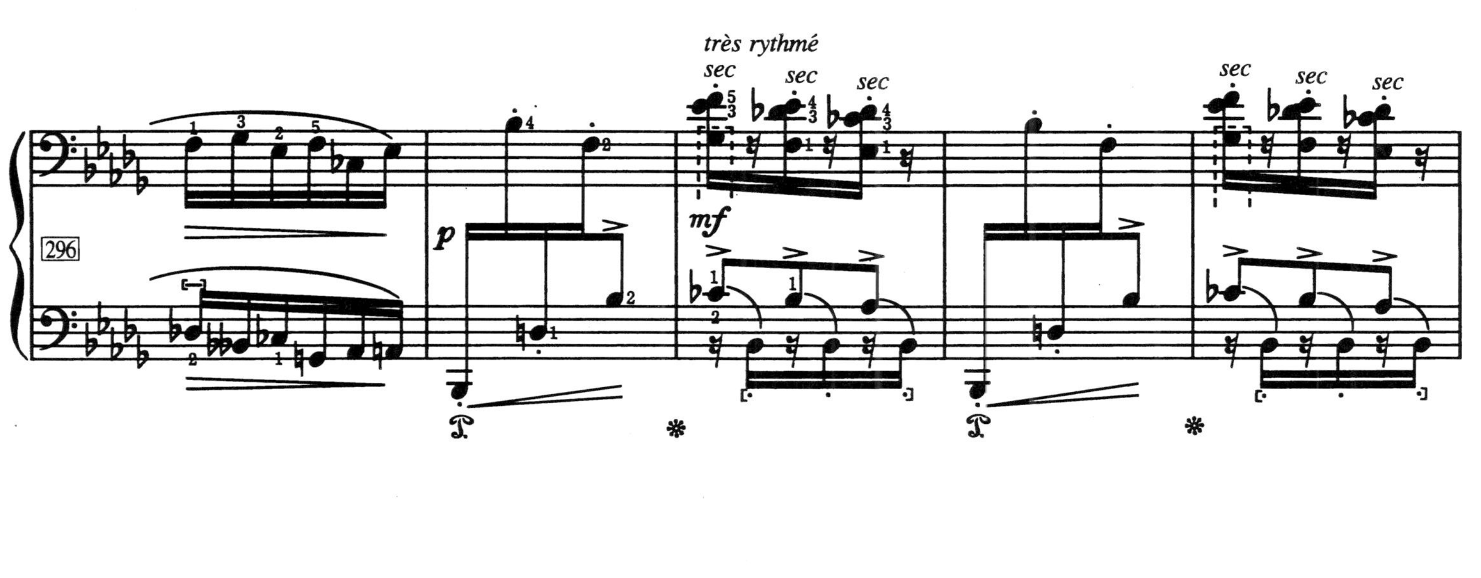
très rythmé
sec   sec   sec
sec   sec   sec
296
p
mf

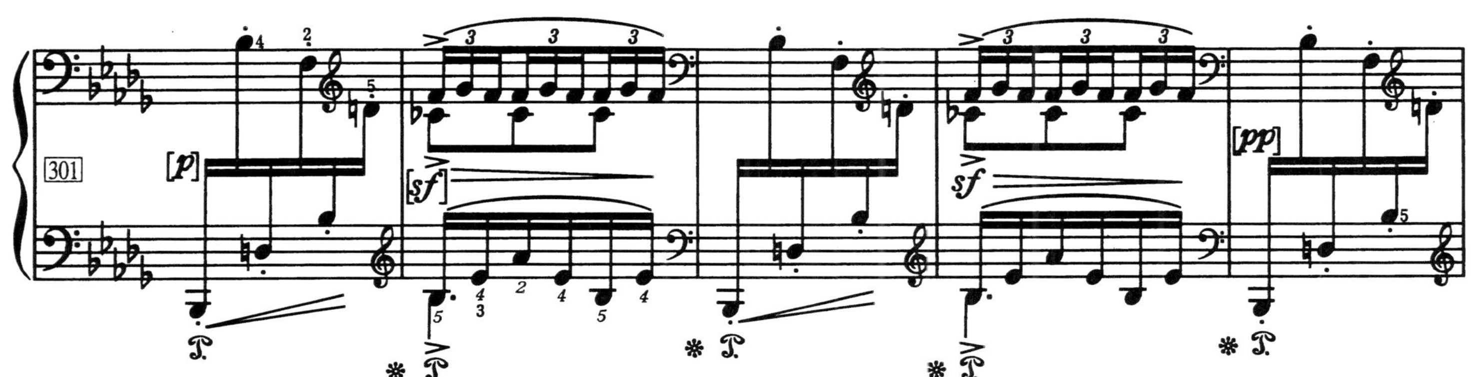
301
[p]
[sf]
sf
[pp]

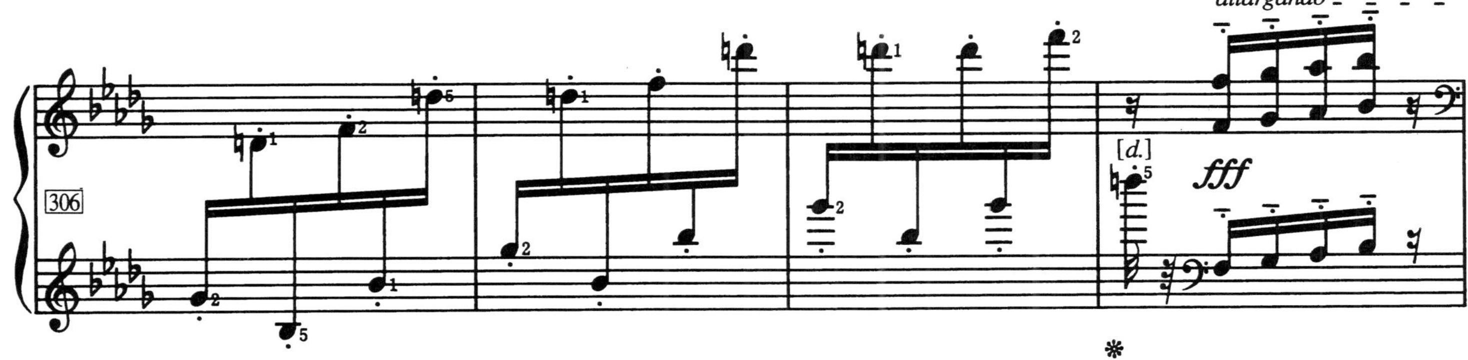
allargando
306
[d.]
fff

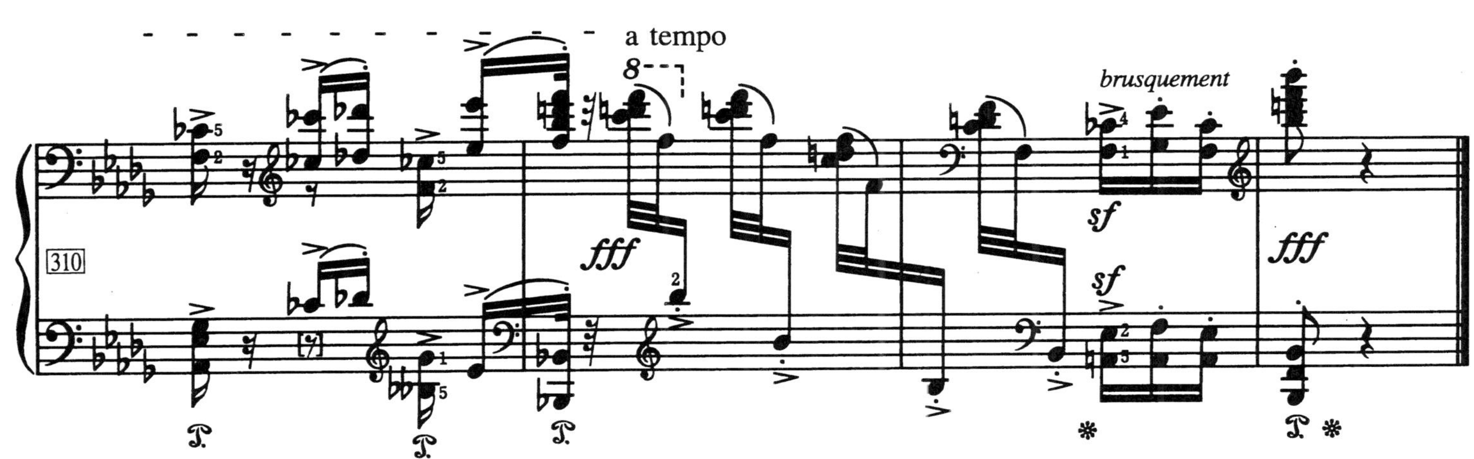
a tempo
8
brusquement
310
fff
fff
sf
sf

2. EL POLO*

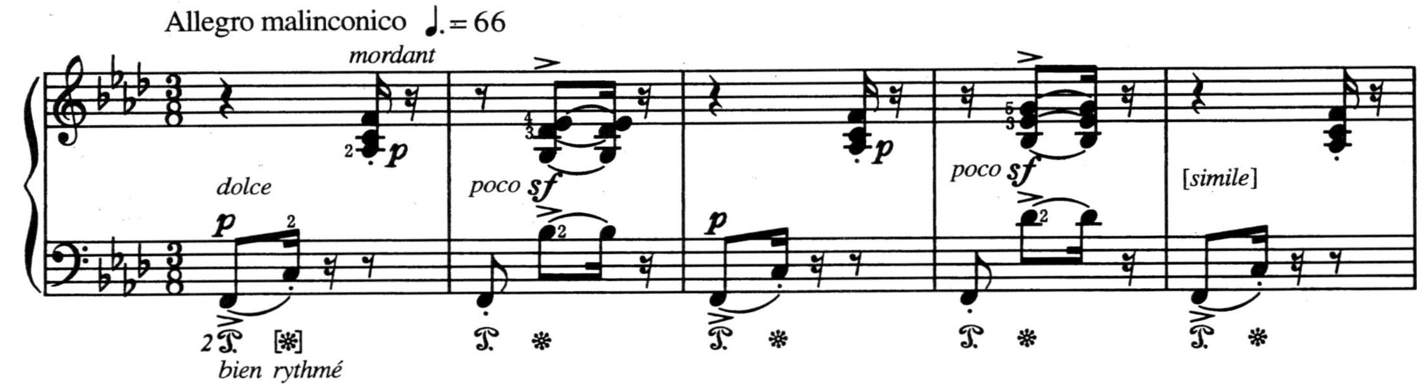

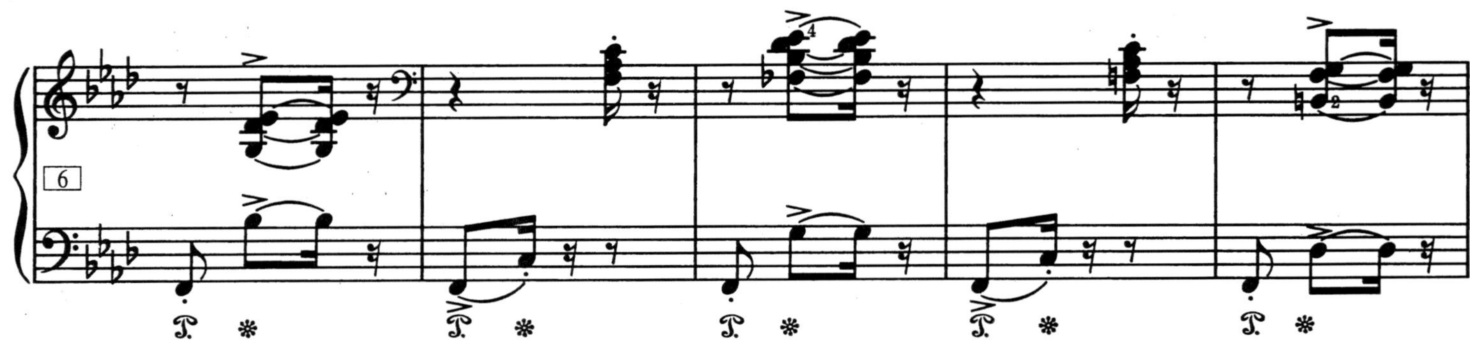

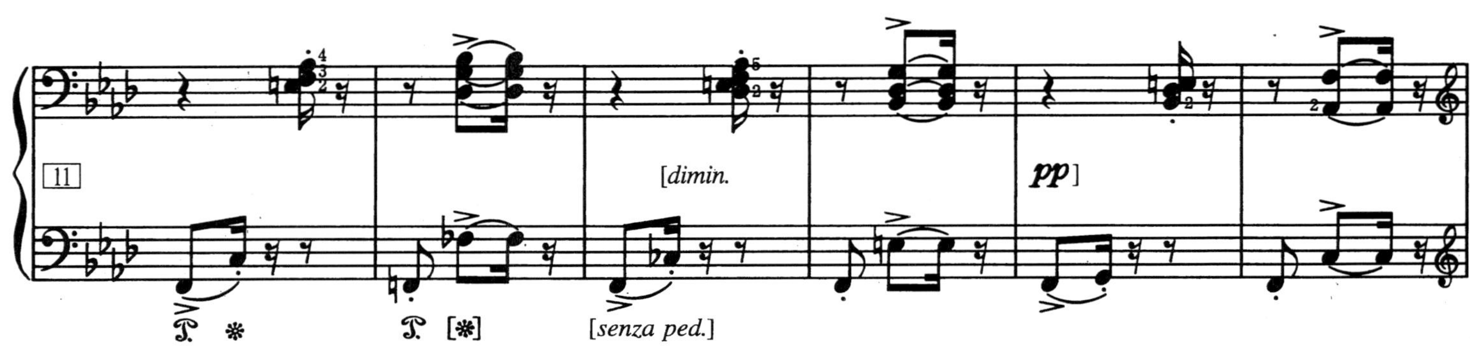

*EL POLO, est une chanson et danse andalouses.
'엘 폴로'는 안다루시아 지방의 가무(原註).

22
dolce
27
dim.
sec
sec
[℘.]
℘.
✳
sotto voce
31
pp
[p]
sf
[p]
sans pédale
℘.
℘.
℘.
37
sf
[meno p]
sans pédale
[℘.]
43
sf
[mf]
pp
très doux
[℘.]
℘.

toujours dans l'esprit du sanglot
mf
dolce sempre
sf
49
54
[sf]
[cresc.]
59
[f]
bien rythmé et détaché
pp
64
sf
[f]
sf
[p]
[sf]
sans péd.
effleurant les notes
[>]
bien détaché
bien atténué
69
ppp
ppp
sans pédale

74
ppp
79
[senza ped.]
ff élargir fff
fff
85
ppp
[2 ℗ ✲]
90
poco meno mosso
[mf]
espress. e dolce
[p]
ca - lan - do molto
[sotto]
95
en traînant

au Mouv!
un peu indécis
poco rit.
ca- -lan-
ppp ma sonoro
una corda
[una corda]
101
-do
a tempo
rit.
106
a tempo
[pp]
poco sf
bien chanté et bien en dehors
le chant en dehors
[sopra]
[sf]
[sotto]
111
sf
[sf]
poco pp
sf bien chanté
116
[sf]
[sf]
[sf]
121

un poco rubato
127
[mf]
[sf]
[sf]
poco rubato
132
[sf]
137
[sf]
[sf]
[sf]
[sf]
143
dolce sempre
[sf]
[sf]
148
sf
dolce

153
con anima
[sf]
[sf]
158
[sf]
f
sf
sf
163
[sf]
[sf]
dim.
[sf]
f
168
[sf]
[sf]
173
sf
[sf]
mf
[cresc.]

178
[f]
[dim.]
f
[sf]
[Ted.]
[sf]
[Ted.]
[Ted.]
[Ted.]
183
p
[cresc.]
[f]
Ted. *
[Ted.]
[Ted.]
[sf]
[Ted.]
[sf]
188
Ted.
[Ted.]
[f]
sf]
f
Ted.
[Ted.]
Ted.
gracieux et piquant
193
[Ted.]
Ted.
Ted.
Ted.
Ted.
198
mf
f
Ted.
Ted.
Ted.
[Ted.]
[Ted.]
[Ted.
*]

sempre animato
[sotto]
203
[sf]
[f]
[f]
[sf]
[f]
[T.]
[sf]
[T.]
[T.]
208
[T.]
[T.]
[T.]
[T.]
T.
213
[meno f]
[cresc.
[sf]
[T.]
[T.]
[T.]
[T.]
con anima [sf]
molto]
218
f
[cresc.]
[sotto]
[T.]
[T.]
[T.]
[T.]
[T.]
223
f [assai]
[cresc.]
plus f
ff
[T.]
[T.]
[T.]
[T.]
[T.]

27
228
ff
fff
con molto brio
234
fff
239
toujours fort et viril
bien détacher la m.g.
244
[sf]
[sf]
249
[mf]
sf
f
ff
f
f
bien détaché

254
259
f
[senza ped.]
mf
264
élargir
ff
fff
fff
pp
pp
[sempre pp]
2
[ped. sim.]
poco meno mosso
270
mf
sf ma dolce
[2]
[]
rubato
276
pp
riten.
[mf]
sf
[riten.]
[sopra]
[]
[]
[]

poco calando
rit. molto
a tempo et un peu rubato
[sopra]
p leggiero
pp mais sonore
sf
una corda
[sotto]
281
poco meno mosso
ppp
286
T.
T. *
T. * [sotto]
T.
T.
rit.
a tempo
[ppp]
[poco sf]
pp
sf bien chanté
291
T.
[T.]
[7]
T.
bien en dehors
T.
[sotto]
[T.]
[sf]
[sf]
296
[sopra]
T.
T.
T.
T.
T.
poco [pp]
sf
[sf]
[sf]
[sf]
301
bien en dehors
T.
[T.]
T.
T.
T.

306
[sf]
[sopra]
311
[sopra]
[f]
[sf]
[sopra]
pesante e un poco riten.
316
[sf]
ff
fff
[f]
321
f
[cresc.]
ff
[cresc.]
326
[
]
p
[subito]
pp dolcissimo
[d.]
[una corda]

31
pp
[sempre pp]
sonore mais pp
ppp

pppp
[2] T.
loco
loco
a tempo et sanglotant
poco rit.
sec
dolce espress.
p
bien rythmé et mordant
dim.
sec
sf
p
veloce
cresc.
f
ff
ff

3. LAVAPIÉS*

*Quartier populaire de Madrid.
마드리드 뒷골목의 번잡한 곳.
** 이 곡은 밝고 자유롭게 연주해 주기 바란다(原註).

17
ff
poco rubato
[a tempo]
21
fff joyeux
très marqué
en dehors
toutes les pédales bien tenues
24
sf
ff
28
ff
fff
ff
en dehors
ff

rubato
e
rit.
ff sempre
[poco rubato]
a tempo
fff
[ff]
marcato
ff
sf
rubato
[sopra]
[ff]
sec
sec
sec
[ff]
[marcato]
ff
[ff]
sec
[fff]
[ff]
[ff]
ff

48
[ff]
[ff] rubato
52
sec
sec fff
[sotto]
[ff]
56
[ff]
[fff]
fff pesante
sf
60
mf
p
pp
leggiero

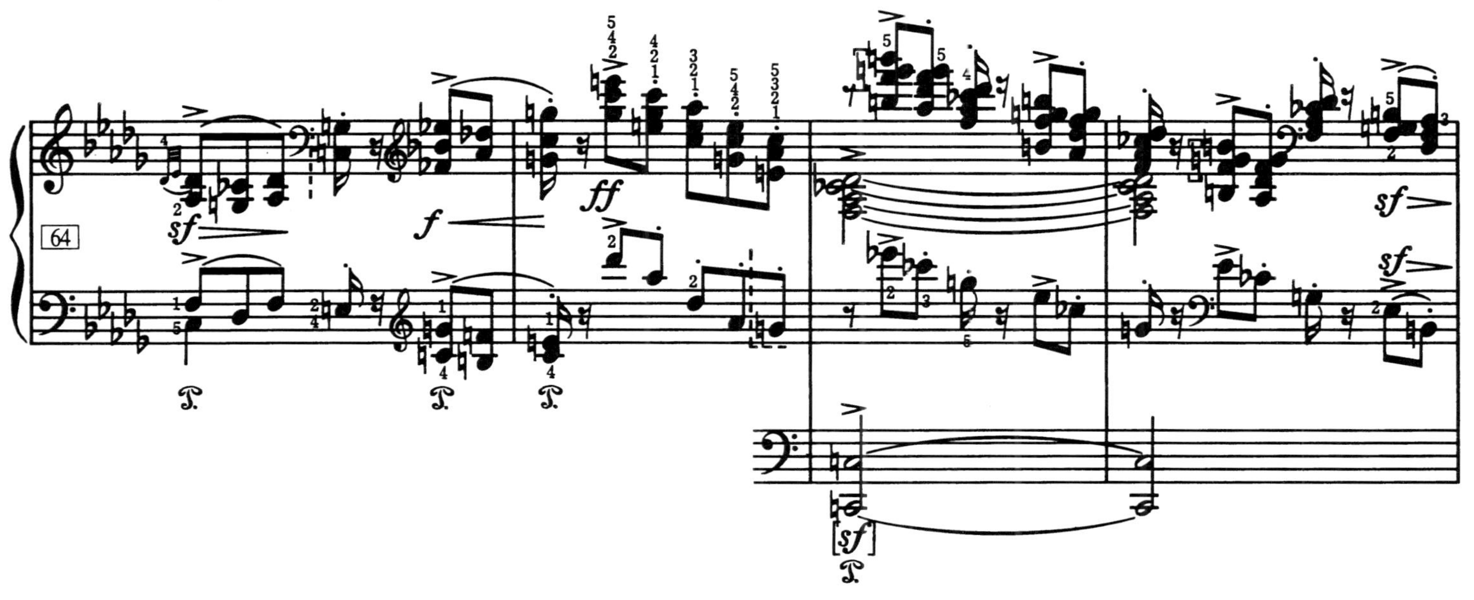
64
sf
f
ff
sf
sf
[sf]

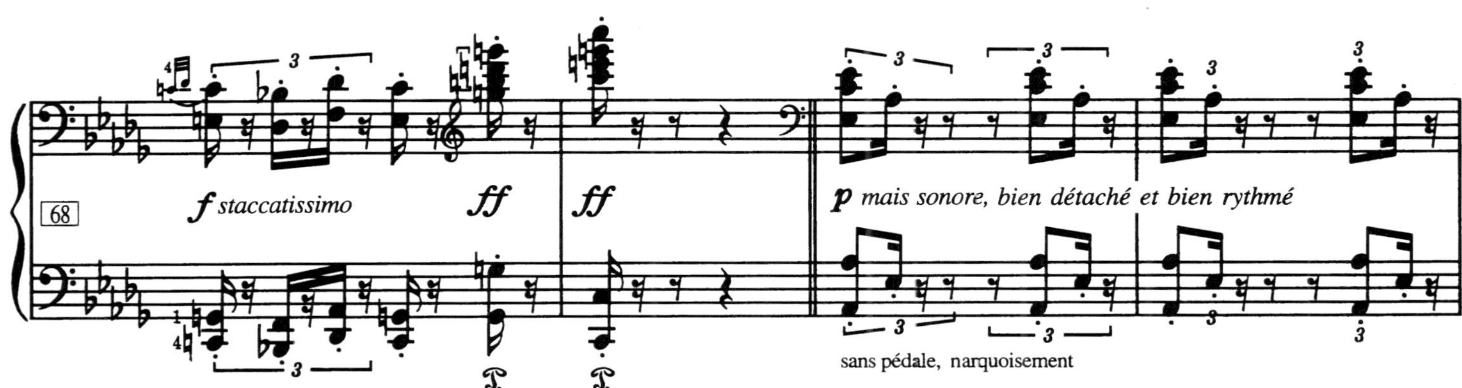
68
f staccatissimo
ff
ff
p mais sonore, bien détaché et bien rythmé
sans pédale, narquoisement
3

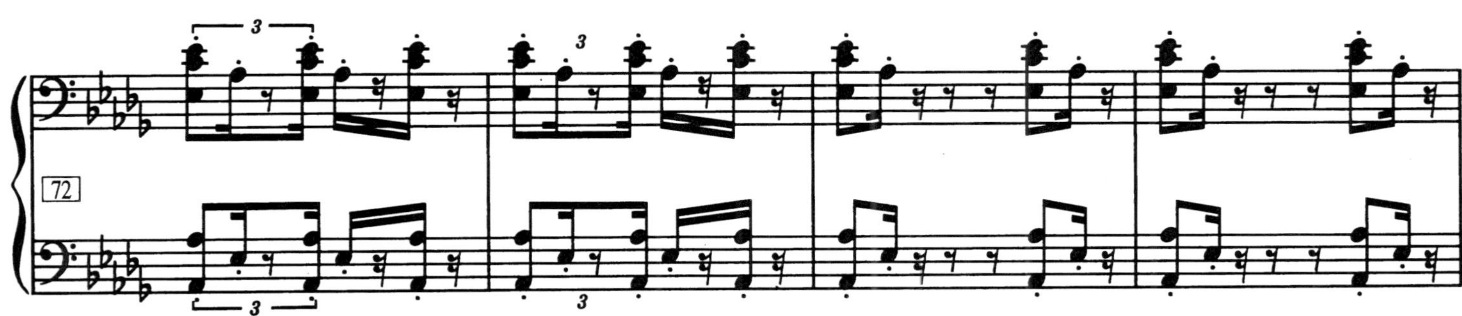
72
3
3
3

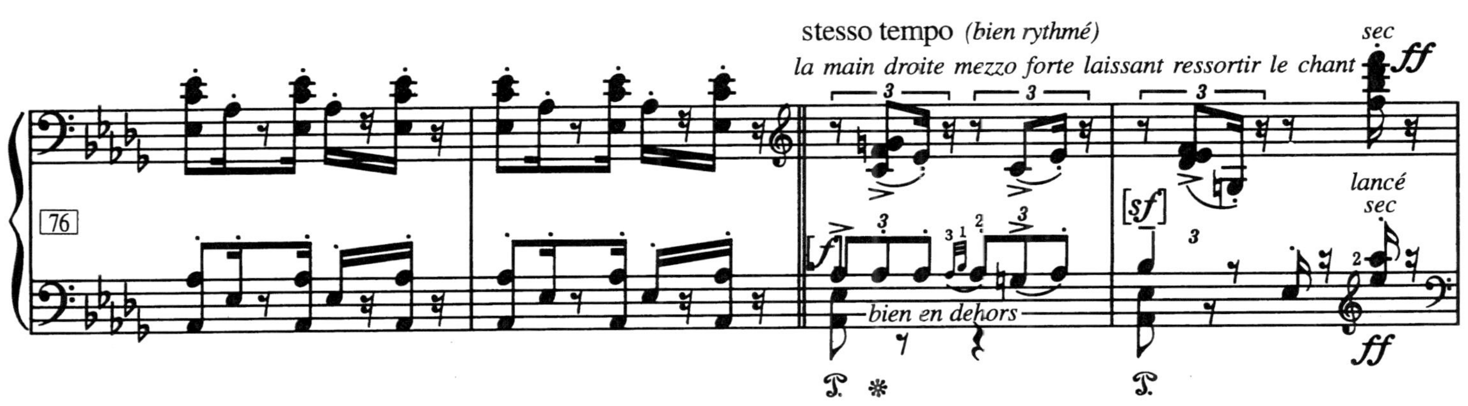
stesso tempo (bien rythmé)
la main droite mezzo forte laissant ressortir le chant
sec
ff
lancé
sec
76
[sf]
f
bien en dehors
ff

sec
ff
lancé
sec
ff
[simile]
brusquement
sf
sf
sf
80
[simile]
m.d. — m.g.
84
sf
ff
88
8
m.d - m.g.
ff
92
ff
96

m.d.
8
[f]
sec sec
m.g.
m.g.
[m.d.]
m.d
ff
[m.g.]
m.g
marcato
m.g.
sec sec
m.g
m.d.
[ff]
m.g.
m.g.
ff con anima
fff
sf
[sf]
ff

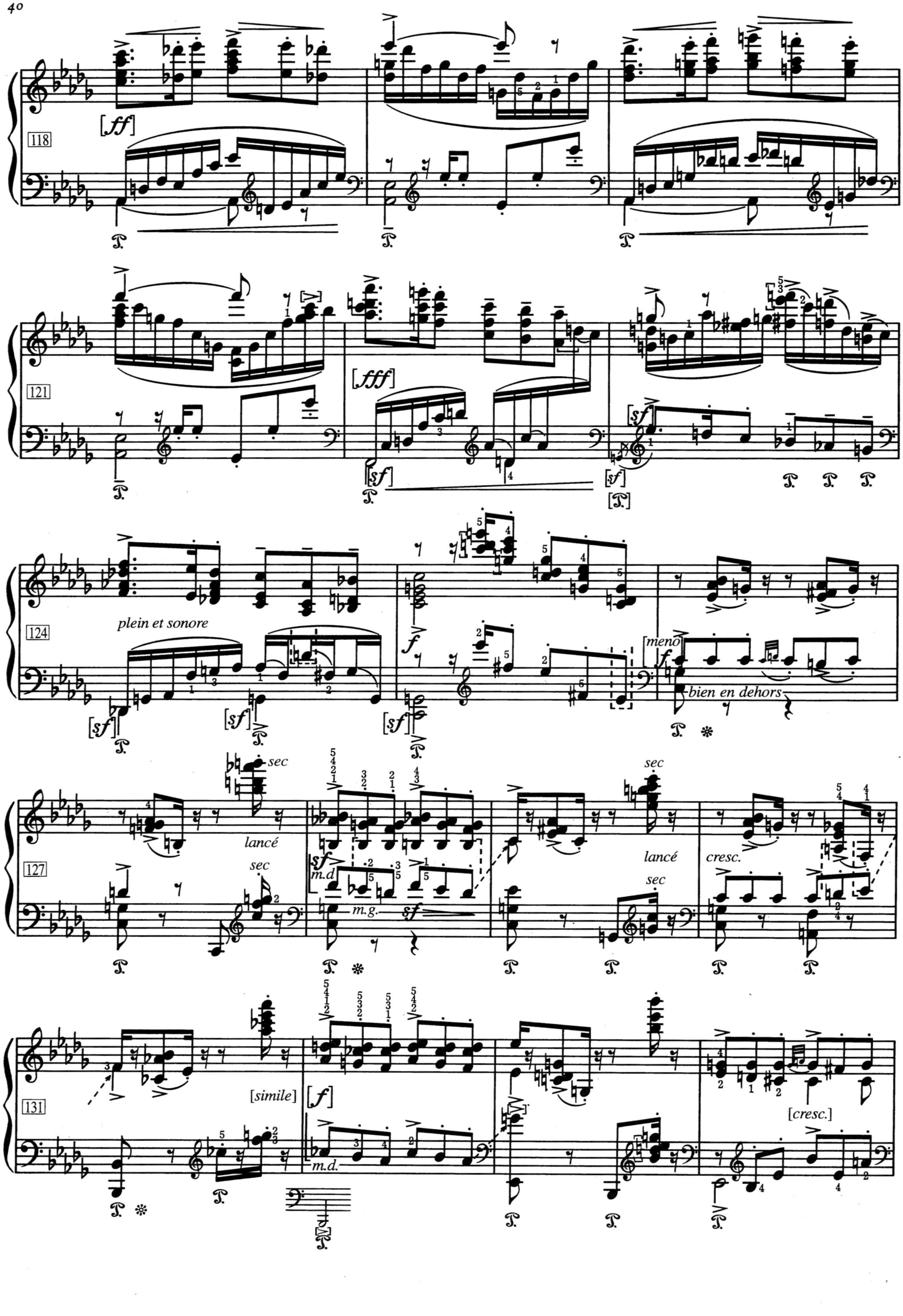
[ff]
118
121
[fff]
[sf]
124
plein et sonore
[sf]
f
[meno f]
bien en dehors
127
sec
lancé
m.d
m.g.
sf
cresc.
131
[simile]
[f]
m.d.
[cresc.]

135
sf
m.d.
m.g.
m.g.
più f
139
m.d.
ff brillant
ff animato
143
sec
3
sec
sec
sec
ff
[sf]
[ff]
[sf]
146
[sotto]
[f]
[di- -mi- -nu- -en- -do]
[sf]
mf
149
[sf]
[sf]

sec
sec
153
[sf]
f
avec grâce et aisément
sec
156
sec
mf
p subito
gracieux
159
[p]
p gracieux
[en dehros]
[p]
163
poco cresc
sf
167
cresc.
f
sec

171
ff
ff
ff
ff
sans presser
ff brillant
[sf]
gracieux
[mf]
sec
[sf]
sec
[mf]
sec
[sf]
sec
sec
8
sec
cresc.
[sf]
sec
ff
cresc.
175
179
183

p subito
cresc. poco a poco
187
8
sf
sf
8
cresc.
sf
ff
fff
191
sf
sf
[non diminuendo]
195
fff
martelé
a tempo
narquois, sec et canaille
poco rall.
199
p
p le chant marqué
sans pédale

ff
sf
sf
sf
fff avec emportement
222
très scande
sec
fff
sans presser
[sf]
sec
8 sec
226
8
marqué
sec
[fff]
ff brutal
230
sans pédale
[g.]
[d]
[d]
234
8
sf
sf
[sf]
[sf]
sf] fff
238

avec grâce
sf pp subito
poco sf
toujours léger et ppp
poco sf
assez sf
assez sf
ppp
sf
ppp
sf
[sf]
sf
fff
[fff]
bien détaché
sans pédale

IBERIA 4me Cahier

1. MÁLAGA

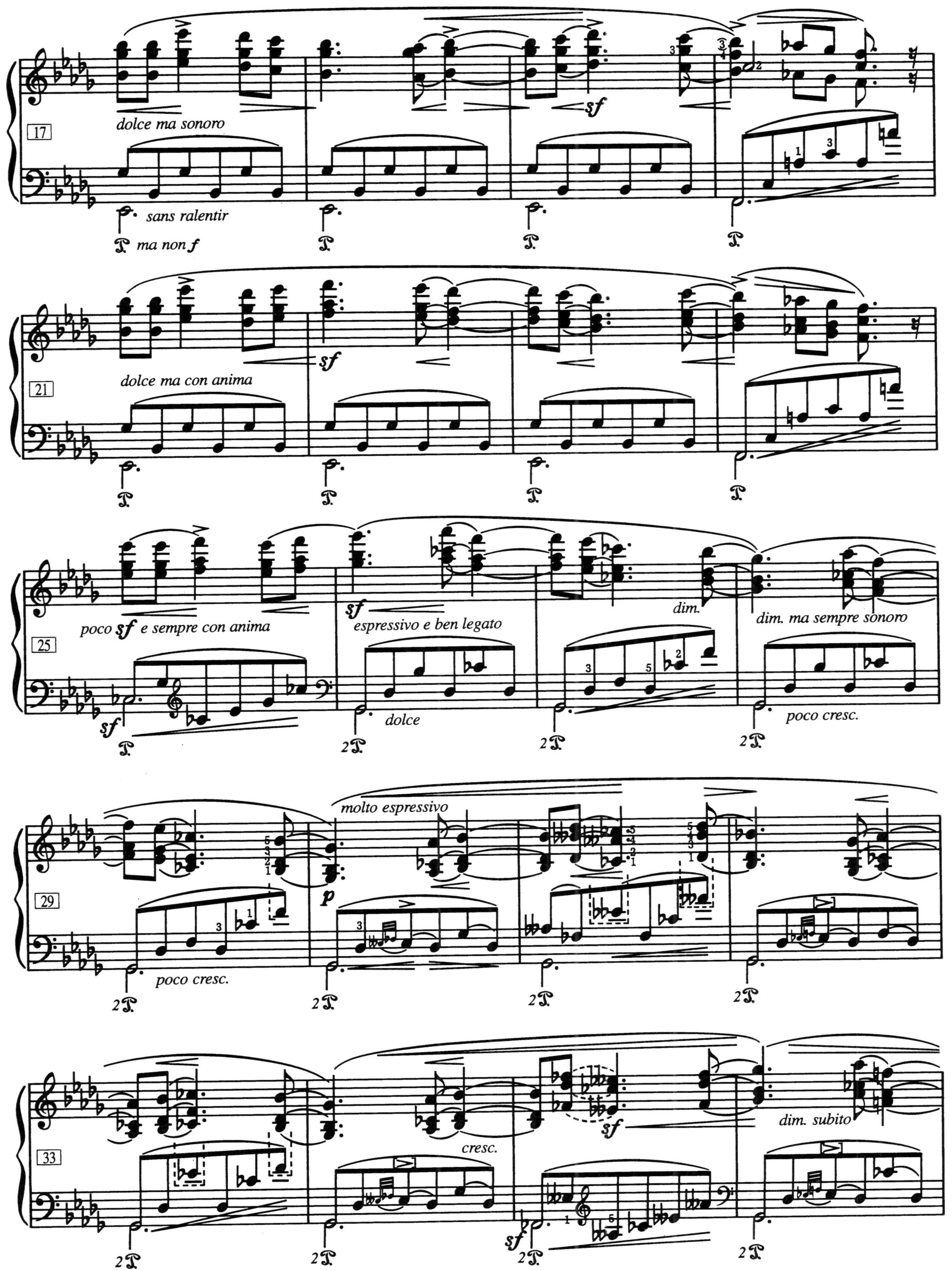
dolce ma sonoro
sf
3 3 2
17
sans ralentir
ma non f
dolce ma con anima
sf
21
poco sf e sempre con anima
sf
espressivo e ben legato
dim.
dim. ma sempre sonoro
25
sf
dolce
poco cresc.
molto espressivo
p
29
poco cresc.
cresc.
sf
dim. subito
33

37
2 Ped.
p
Ped.   Ped.   Ped.   Ped.   Ped.   Ped.
41
pp
Ped.   Ped.   Ped. et piano
45
pp
p
sf
Ped.   Ped.   Ped.
49
sf
p   sf   sf   sf
Ped.   sf   Ped.   sf   Ped.   sf
53
p   pp
dolce e sonoro
2 Ped.   Ped.   Ped.   Ped.   Ped.   Ped.
Ped. de piano fixe

dolcissimo e leggiero
8
57
pp
pp
ben sonoro
poco rit.
a tempo
sf
espressivo
poco cresc.
[sf]
61
pp
cantando
pp et sonoro sf
poco
65
sf
sempre dolce
poco rit.
a tempo
sf
espressivo
69
sf
sf
sf
sempre leggiero
73
marcato
cresc.
sf
p
espressivo
poco rubato
a tempo
sf
sf

77
sf
en dessous
p
cantando
81
sempre espressivo
poco rit.
a tempo
sf
85
89
con anima
sonoro
cresc.
sf
8
93

53
loco
8
sf
sf
sf
[T.]
[T.]
T.
97
subito dolce
101
2 T.
T.
T.
marcato
mf
105
T.
T.
T.
T.
T.
poco
cresc.
sf
109
T.
T.
T.
con anima
sf
f
sf
113
T.
T.
T.
T.

117
sf
sf
cresc.
sf
121
sf
f
sempre cresc.
sf
125
ff
en dessus
ff
ff marcatissimo
ff
129
ff
fff
[ff]
ff
ff
133
8 loco
ffff
8
sf
sf sf sf
sans ralentir
fff
ben marcato

55
fff
fff
ff con anima
sf
subito p ma sonoro
sf
dolce subito
dolce

157
poco
sf
sf
sf
161
sf
sf
p
sf
sf
165
poco sf
poco sf
sf e perdendosi
169
leggiero e dolce
espressivo
il canto
poco rit.
a tempo
sf
sf
173
sf
p
sonoro

177
sempre grazioso
[sf]
181
185
pieno sonoro ma non f
189
193
sonoro e cantando

197
sf
f cresc.
8
201
cresc.
sf
ff
marcato
205
sf sf sf
ff
209
sf sf sf
ff
213
sf sf sf
ff
8

con anima
staccatissimo
brusque
con anima

2. JEREZ

Andantino ♩ = 76
legatissimo
doux et rêveur
pp
poco sf
sempre legato
cresc.
sf
cresc.
sf
cresc.
sf
dim.
pp
dolce sempre
sans arpéger

sf
cresc.
poco
sf
cresc.
♩. = 46
2 mesures en font
une antérieure.
pp
bien enveloppé et doux
p
sf
cresc.
sf
dim.
p
doux
cresc.
dim.
dim.
p

dolente
pp
41
brusquement
sf
45
pp
sf
pp
sf
sf
bien expressif
Tempo primo
f
50
ff
ff
ff
ff
53
ff
ff
ff
ff
ff
55
ff

57
sf
pp
61
rit.
a tempo
come prima
rit. molto
p
sombre
sf
poco meno che prima e cantando
riten.
a tempo
bien marqué
rit.
rit.
f
65
pp
sf
pp
ppp
p
poco rubato
p
tenuto
68
p
sf
p

con molta fantasia
espressivo e un tanto rubato
sempre rubato
Tempo giusto
tenuto
marcato

67
85
f marcato
tenuto
f
p
mf
p
vibrant expressif et rubato
sf
p
88
cresc.
92
molto riten.
a tempo cantando
ma dolce
sf
sf
sf
dolce pp
pp ma sonoro
une corde
96
pp
pp
p
pp
pp
pp
pp

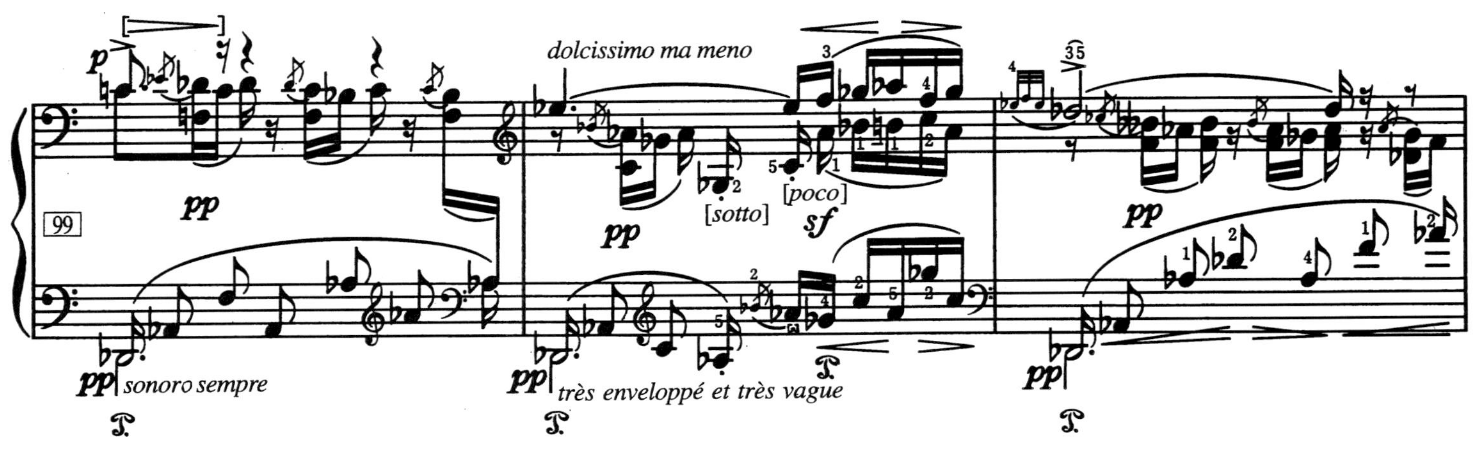
99
pp
pp sonoro sempre
dolcissimo ma meno
pp
[sotto]
[poco]
sf
pp
très enveloppé et très vague
pp
pp

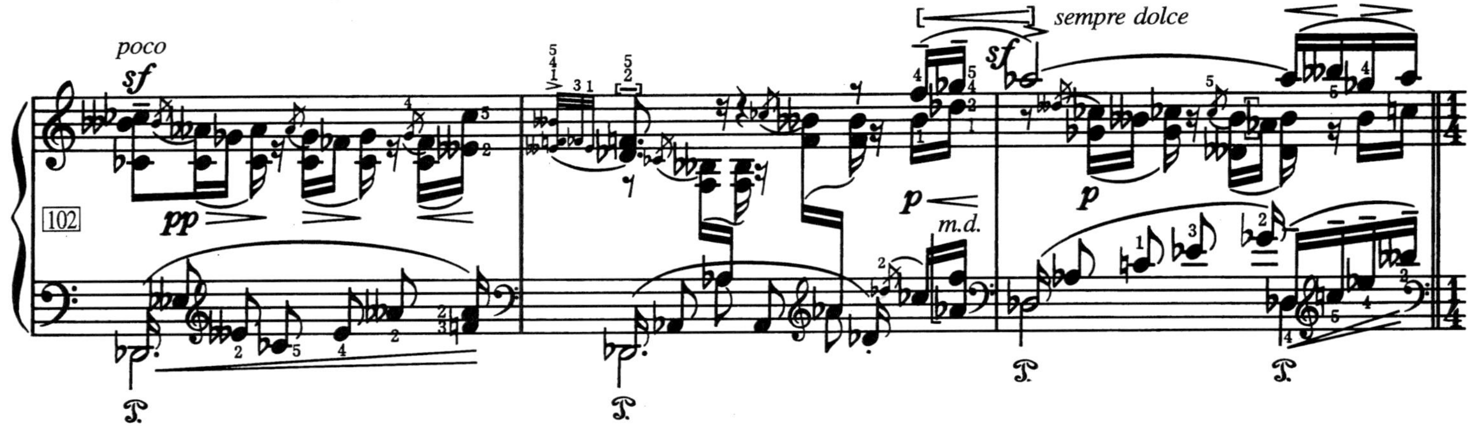
poco
sf
pp
102
sempre dolce
sf
p
m.d.
p

pp
105
m.d.
p rubato
sf
[   ] p

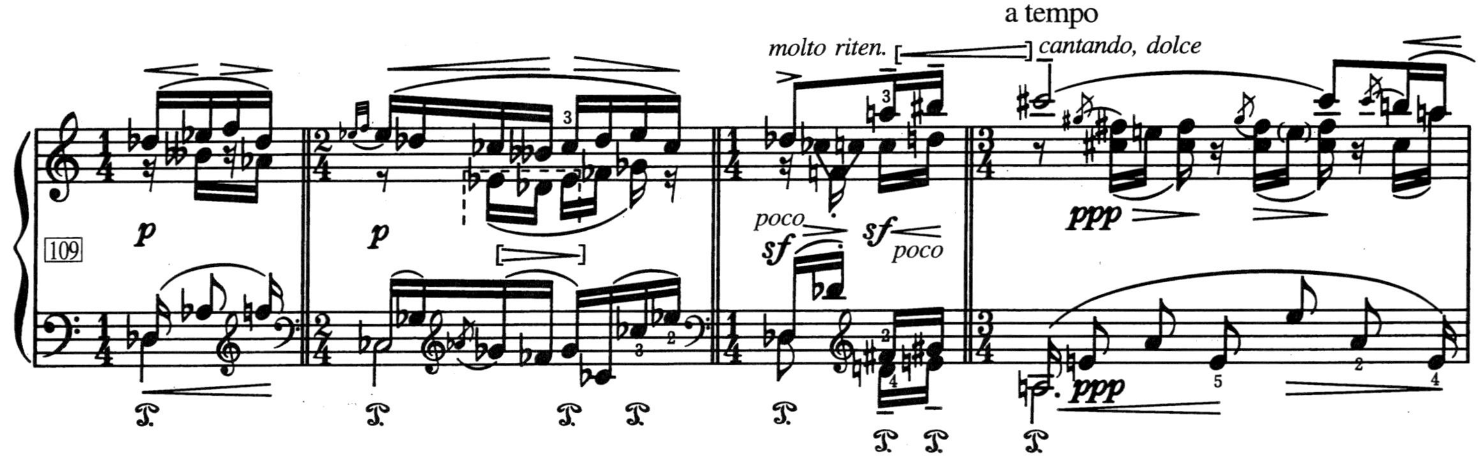
a tempo
molto riten. [   ] cantando, dolce
p
109
p
sf
poco
sf
poco
ppp
ppp

113
ppp
ppp
sempre dolcissimo
pp
p
cantando
p
p
sf
sf
pp
pp
pp
riten.
ppp
ppp
legato
[sopra]
116
rit.
a tempo dolcissimo
ppp
ppp
cantando ma dolce
119 ppp
122
poco cresc.
sf
poco cresc.
sf
sf
[d.]
m.d.

cresc. poco
125

la main droite très légèrement,
le chant très marqué sans être fort
poco
sf
pp
129

cresc. poco a poco
cresc.
133

cresc.
cresc.
137

Tempo meno che prima *comodo*

166
sf
sf
sf
m.d.
2 mesures en font une antérieure.
167
p subito
cresc.
dim.
171
p
sf
p
sf
sf
sf
f
175
ff
ff
ff
ff
ff
179
f
p dolce
rit.
p
rit.
ppp
rit.

Tempo primo ma con molta fantasia
marcato ma non forte
poco rubato
p
p
183

avec beaucoup de laisser aller
sf
f
p
p
rubato
sf
186

poco rubato
p
sf
189

rubato
Tempo giusto
sf
pp
pp
p
193

a tempo
sf
dolce
rit.
sf
sf
p
marcato
sf
p
196

riten.
a tempo e rit.
estompé et sonore
sf
sf
sf
sf
pp
rit.
rit.
ppp
199

Andante
pppp mais sonore
pppp
pppp
rit.
poco sf
sf
202
*) effleurez la note pppp mais la laissant vibrer

8
Tempo primo
pp sub. e molto rall.
ppp ma sonoro
pp
ppp
pp
205
f

208
ppp
pp
ppp
ppp
[sopra]
211
ppp
ppp
ppp
pp
pppp
petite pédale
214
ppp
ppp
poco sf
217
poco sf
pp
ppp ma sonoro
m.d.
pp
sonoro ma non f
[sopra]

ppp
220
effleurez
ppp
222
ppp
ppp
sf
sf
sf
pppp poco rit.
225
pppp
pppp
pppp
pppp
pppp
8
pppp
pppp
pppp
228
pppp

3. ERITAÑA*

* Prononcez ERITAGNA, (auberge hors barrières à Séville).
‘에리타냐’ (세빌랴 성문 밖에 있는 선술집 겸 여관)라고 읽기 바란다(原註).

12
sf
cresc.
f
sempre cresc.
15
ff
ff
ff
f
f
18
f
ff
ff
ff
sec
[mf]
dolce e grazioso
ff
dolce, ma sonoro
21
sf
dolce
sf
sf
sf
f
cresc.
cresc.
sf
sf
f

24
f
sf
sf f
dolce subito
sf
sf
sf
cresc.
27
f [cresc.]
ff
ff ff [ff]
mf legato
sf
grazioso
30
[mf]
sf
33
mf sonoro sempre
sf
[mf]
sf

36
sf
sf ma non f
39
mf
cresc.
42
cresc.
f
f
sf
f
f
sf
a tempo
la main droite très légèrement
45
f
ff
f dim. poco rall.
dolce subito
[p]
p
marcato il canto ma non f

dolce
p
p
sf
p
48

dolce
sf
sf
pp
sf
sf
51

dolce
pp
pp
pp
cédez
pp
sempre dolce
dolce
54

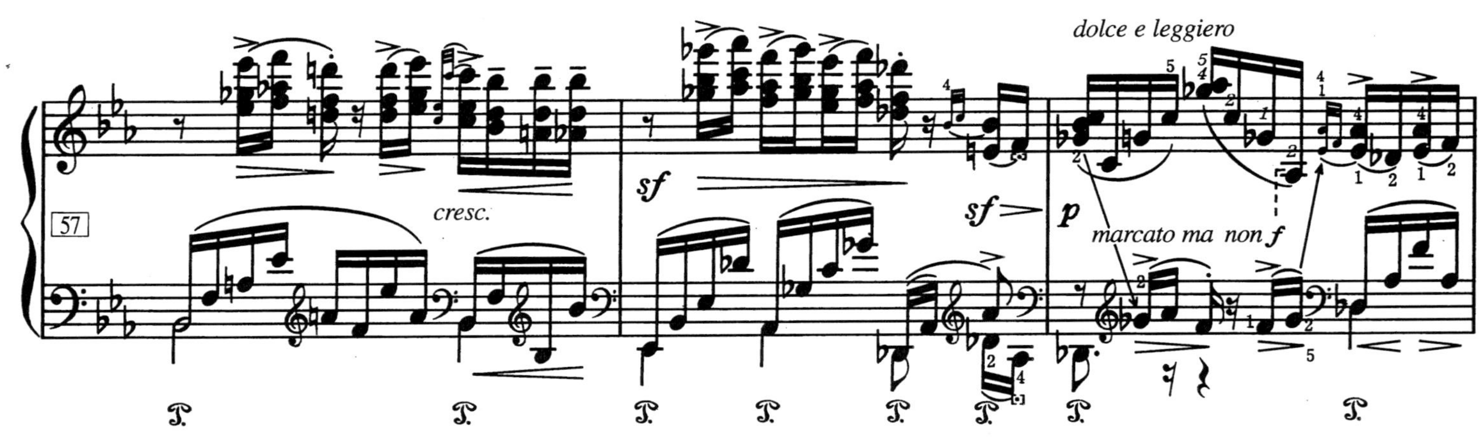
dolce e leggiero
cresc.
sf
sf
p
marcato ma non f
57

a tempo
70
p subito e rall.
dolce
73
cresc.
cresc.
cresc. sempre
76
sf
ff
sf
ff
sf
sf
79
ff
sf
ff
sf
ff
fff
82
sf
sf
sempre f
sf
ff
sf

85
sf sf sf sf
87
sf sf
fff
89
sempre f
sempre ff
92
ff
cresc. sempre
[d.]
ff
[cresc.]

95
ff
ff
sf dolce subito
sf
[con anima]
f
sf
[sf]
sf
98
marcato
f
ff [f] [f] f
ff [f] [f] f
ff [f]
sf
sf
101
3 4 5 4 5
3 5 3 4 4
5 5
3 2
poco rit.
a tempo
leggiero
5 2 1 4 3 2 4 5 5
ff p
[p] dolce
104
p
vibrato
p marcato
p

107
dolce
sf
[sf]
121
110
p
sf
[sf]
[sf]
pp
pp
113
[p]
sempre dolce e grazioso
121
[poco cresc.]
116
poco sf
[cresc.]
[cresc.]
sf

131
p sf sf sf p sf sf sf p
très sec
marcato e cresc.
cresc.
staccatissimo
134
cresc.
ff p dolce p
ff
137
cresc. cresc.
f ff sf sf
140
ff ff sf sf
ff joyeux ff
143
ff p cresc. ff ff fff
8

Isaac Albéniz

NAVARRA

NAVARRA

Allegro non troppo

sec
dolce espressivo
p
sf
très brusquement
poco cresc.
sf
sf et sec
sec
sf
dolce subito
sf

94

brillante
sempre f
[cre- -scen- -do]
fff
69
fff
73
ff
77
ff
81
mf giocoso
85
sf
sf
sf
f
sf
sf
sf
sf

89
sf
cresc.
sf
93
cresc.
ff
97
fff brillante
fff
sf
Andante
grand et emphatique
8
lunga
102
[al- -lar- -gan- -do] molto rit. e pesante
cresc.
fff
fff
lunga
retenez
ff

Tempo primo
poco meno che prima
ffff
[m.d.]
107
sempre ff e pesante e rit.
[m.g.]
111
a tempo
[d.]
[m.d.]
ff
[g.]
sf
rit.
a tempo
115
[d.]
ff
[g.]
rit.
a tempo
119
[d.]
ff
retenez assez
[g.]
sf
ff
[>]

123
a tempo
ffff
[d.]
[T.]
ff
retenez
[g.]
[T.]
[T.]
127
sf
sf [   ]
sf
a tempo
[rit.]
[T.]
[T.]
[T.]
[T.]
131
[a tempo]
ff
[d.]
[dolce]
rit.
sf
[T.]
[g.]
[T.]
135
[a tempo]
sf
[d.]
rit. molto
[g.]
[g.]
[T.]
[T.]

a tempo
139
sf
ff
[sopra]
8
ffff
molto rit.
sf
sf
8
a tempo
143
8
147
p
espress.
sf
151
sf
rit.
cresc.

155
ff
sf
m.d.
sf
8
rit.
sf
159
3
2
3
2
2
3
2
mf cresc.
8
rit.
163
8
poco ac- [cresc. sempre] -ce- -le- -ran- -do
3
167
f
ff
sf
sf
sf
sf
1
3
2
5

a tempo
fff strident
171
sf
m.d.
sf
sf
175
m.d.
sf [cresc.]
sf [cresc.]
sf [molto cresc.]
sf sf sf
m.d.
poco rit.
T. ff
T. ff
T.
fff
179
a tempo
m.d. poco dim.
T.
184
poco rall.
sf
sf
sf
[poco a poco dimin.]

Tempo primo
cantando
p
dolce
sf
189

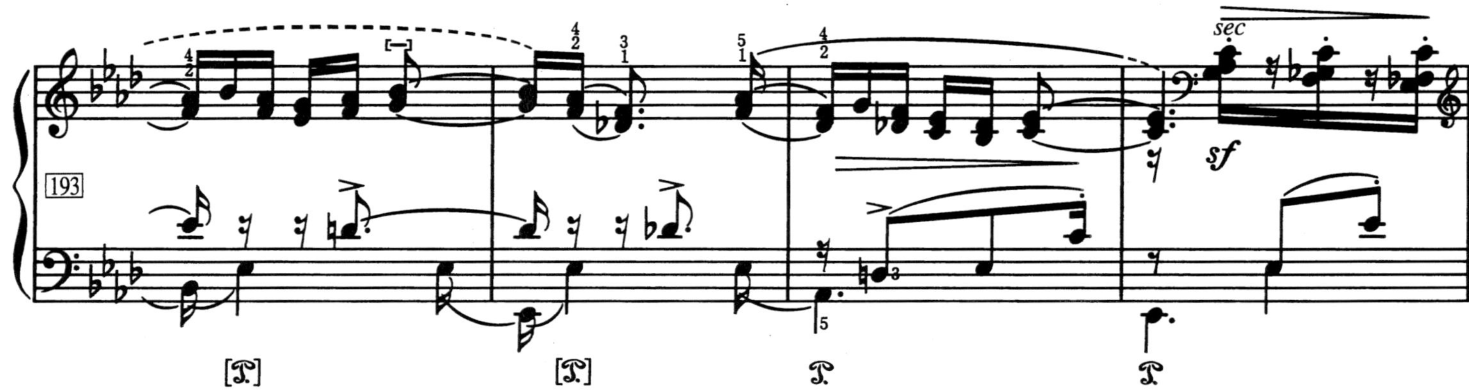
sec
sf
193

sec
m.g.
197

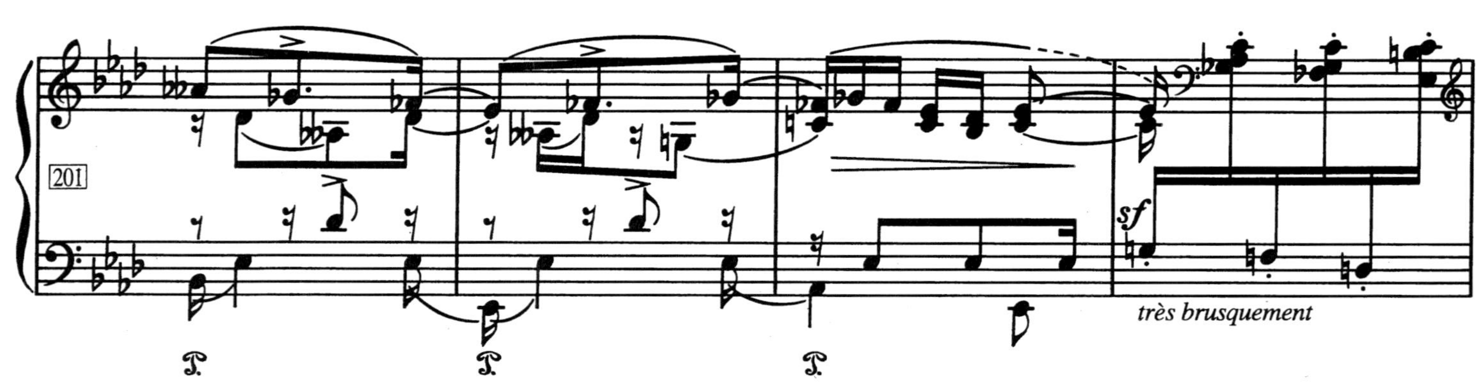
sf
201
très brusquement

dolce espress.
p
sf
205
209
sec
213
cresc.
217
f
ff
8

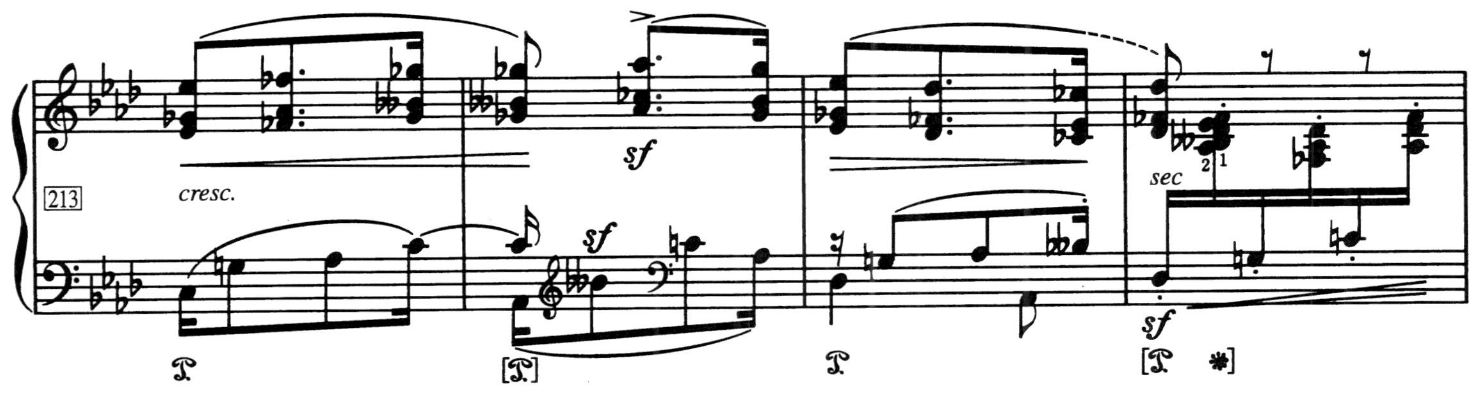

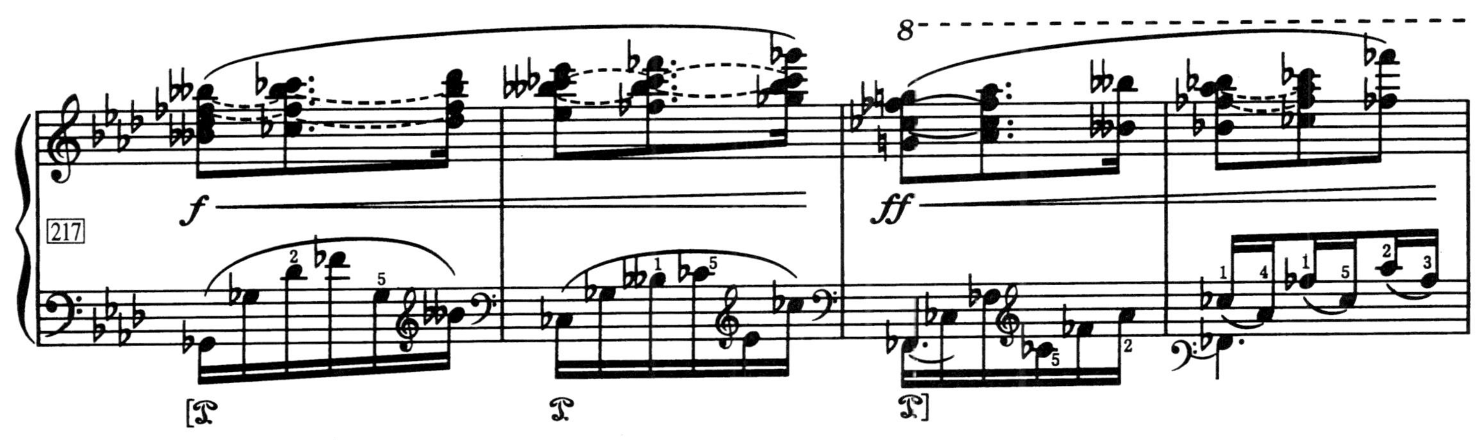

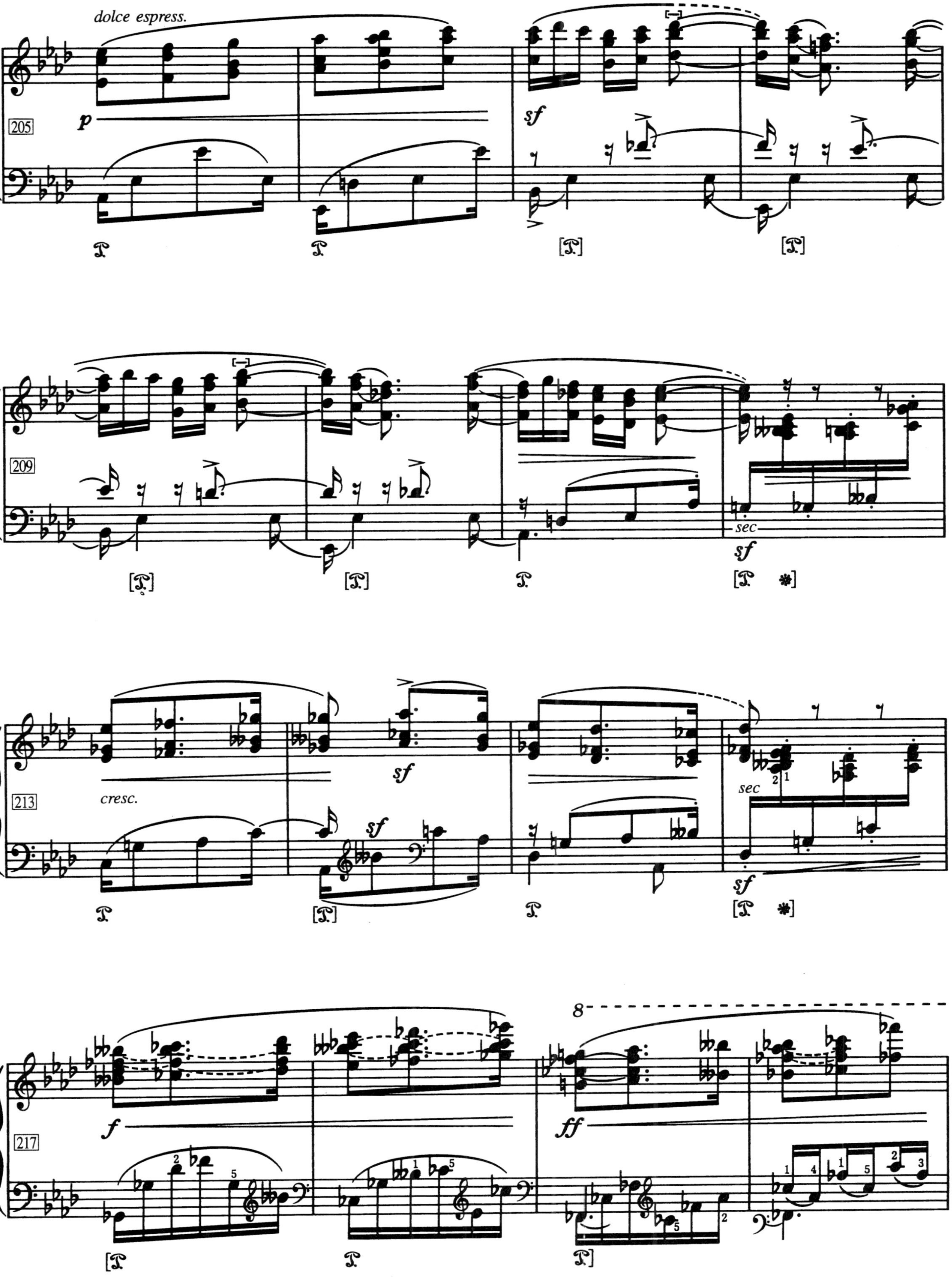

★Ici s'arrête le manuscrit d'Albéniz.
알베니스의 원고에는 이곳에서 끊어져 있다(原註).

237
p
mf
cresc.
241
[sf]
[d.]
245
[d.]
p
dimin.
sempre
250
e
morendo
ppp
[ppp]
[ppp]

해 설

알베니스의 생애와 예술

알베니스(Isaac Manuel Francisco Albeniz Pascual)는 1860년 5월 29일 피레네 산맥과 프랑스 국경의 가까운 곳에 위치한 스페인 동북부 카탈로니아 지방 베로나의 칸푸로돈에서 출생했다. 아버지는 세무사로 앙헬 알베니스, 어머니는 돌로레스 파스쿠알이었다. 그의 아버지 앙헬은 1남 4녀의 자녀 중에서 알베니스가 음악적 재능이 가장 풍부하다는 것을 일찍이 눈치챘다. 아들의 뛰어난 재능을 세상에 알리고 싶어한 아버지의 노력에 의해 알베니스는 네 살 때 누이 한 명과 함께 바르셀로나에 있는 극장에서 공개 연주회를 가질 수 있었다.

여섯 살 때 어머니를 따라 파리로 이주한 알베니스는 명교수 마르몽텔(Antoine-Francois Marmontel, 1816~1898) 앞에서 연주 기회를 가지게 되었다. 얼마 후 파리 음악원에 입학하기 위한 시험을 치렀다. 하지만 대기실에 공을 던져 유리창을 깨는 바람에 '너무 어리다'는 이유로 입학을 연기당하고 말았다.

알베니스는 여덟 살 때 처녀작인 피아노곡 〈군대 행진곡〉(소실)을 작곡했고, 열 살 때 가족이 살고 있던 마드리드에서 국립음악연극학교(현재 마드리드왕립학교)에 입학했다. 모험심이 강했던 그는 기숙사를 빠져나와 여러 도시에서 피아노를 연주하기도 했다. 그러다가 안달루시아(남스페인)의 항구 도시 카디스에서 밀항선을 타고 남아메리카 대륙으로 건너가 아르헨티나 등 여러 국가에서 피아노 연주회를 가진 일도 있다고 전해진다.

이렇게 파란만장했던 알베니스의 소년 시절에 관한 자료 대부분은 그 자신의 이야기를 누군가가 듣고 기록으로 남겨 놓은 것이므로 사실 여부를 확인하기는 어렵지만, 그가 비범한 재능과 상식을 뛰어넘는 행동으로 평범하지 않은 소년 시절을 보낸 것만은 사실이었던 듯하다. 1875년 그가 다시 대서양을 건너 당시 스페인령이었던 푸에르토리코 및 쿠바에서 연주회를 열어 성공한 사례는 신문 기사에 의해 직접 확인할 수 있다.

1876년, 열여섯 살이 된 알베니스는 다시 정규 음악교육을 받으려고 라이프치히 음악원에 들어갔지만, 2개월 정도 다니다가 그만두고 일시 귀국한 후 브뤼셀 음악원에 들어갔다. 그곳에서 1897년까지 화성악, 솔페지 등을 배운 알베니스는 같은 해 피아노과의 수료 콘테스트에서 수석으로 졸업했다. 브뤼셀 음악원에서 피아노는 주로 루이 브라생(Louis Brassin, 1840~1884)에게, 작곡 이론은 프랑수아 오귀스트 게바에르트(Francois Auguste Gevaert, 1828~1908)에게 사사받았다.

1880년 여름 알베니스는 존경하는 프란츠 리스트를 만나기 위해 부다페스트를 방문했으나, 실제로 두 사람이 만난 것은 단 하루뿐인 것 같다. '리스트는 더할 나위 없이 나를 반겨주었다. 내가 그의 연습곡 두 개와 〈헝가리 광시곡〉 하나를 연주하자 그는 매우 흡족해하는 것처럼 보였다. 특히 그가 준 헝가리를 주제로 한 즉흥 무곡을 연주하자 더욱 흐뭇해하는 듯했다. 그는 스페인과 양친, 종교에 대해서 나의 생각, 음악 일반에 관한 견해들을 물어 왔다. 그 질문에 대해 정직하고 분명하게 내 생각을 말하자 그는 만족스러워했다'라고 알베니스는 당시에 그가 쓴 수기에 기록하고 있다.

당시의 기록에 의하면, 스무 살 무렵 알베니스는 상당히 폭이 깊은 음악 해석을 하여 바흐, 헨델, 스카를라티, 하이든, 모차르트, 베토벤, 베버, 쇼팽, 슈만, 리스트 그리고 당시 새로운 음악의 선구였던 생상스에서 그리그까지 풍부한 레퍼토리를 소화해 낼 수 있는 피아니스트였음을 알 수 있다.

한편, 알베니스는 살스에라(스페인풍의 오페레타)의 작곡 및 상연에 관계하여 실패한 후, 스물세 살 되던 1883년 로시나 조다나(Rosina Jordana)와 결혼하여 바르셀로나에서 살았다. 그는 그라나도스나 팔랴의 음악적 형성에도 관계를 맺었으며, 작곡가·이론가·음악사학자였던 페드렐(Felipe Pedrell : 스페인 민족주의 악파의 제창자)로부터 인정을 받았다. 물론 그는 알베니스에게 정신적으로도 많은 영향을 끼쳤다.

뒤이어 1885년부터 1889년까지 알베니스는 마드리드로 옮겨 라이브 콘서트를 주로 하는 피아니스트 겸 작곡가, 교사로서 명성을 얻기 시작했다. 1888년부터 1889년에는 프랑스·영국·벨기에·독일·오스트리아 등에서 성공적으로 연주회를 열었다. 그는 러시아의 명장 안톤 루빈스타인(1829~1894)에 비교하여 '스페인의 루빈스타인'이라 불리었을 뿐 아니라, 궁중에도 출입하였으며, 귀족 사회에 제자들도 두어 음악계의 기린아가 되었다.

그러던 중 1890년부터 1893년까지 영국에 체류하면서 알게 된 런던의 은행가 머니 카우츠(Francis B. Money-Coutts)에게서 거액의 연금을 받는 조건하에 문학에 조예가 깊었던 머니 카우츠의 대본을 중심으로 영문 오페라를 작곡한다는 계약을 맺었다. 그러나 그의 특기 분야가 아닌 오페라 창작, 더구나 영어 대본으로 작곡하는 일은 알베니스의 재능만 낭비되는 결과를 초래하였다. 그러나 이러한 무대 음악의 창작은 그 자신도 희망하던 바여서, 사실 〈페피타 히메네스〉(1896년 초연)와 같은 걸작을 창작하는 데 밑거름이 되었다. 또 머니 카우츠도 우정과 신의가 두터운 사람이어서, 알베니스 생전에는 물론 그의 사후에도 알베니스 가족에게 경제적인 원조를 아끼지 않은 좋은 후원자였다. 알베니스는 런던에서 이렇듯 작곡과 피아노 연주에 열중하는 한편 프린스 오브 웰즈 극장의 지휘도 맡아 하였다.

1893년에 일단 마드리드로 돌아온 알베니스는 이듬해 말에 부인 로시나와 세 자녀(아들 알폰소, 딸 엔리게타와 라우라)를 데리고 파리에 정착하게 된다. 이것은 여러 차례의 연주 여행을 다니면서 사귄 파리의 몇몇 친구들과 작곡 공부를 하는 것이 이상적이라고 생각해서 내린 결론이었고, 프랑스계 출신인 그의 아내도 파리 정착에 대해 동의하였다. 그 이후 알베니스는 죽을 때까지 15년의 세월을 거의 프랑스에서 보내게 된다. 프랑스에서 사는 동안 포레, 댕디, 쇼송, 드뷔시, 뒤카스, 사르트, 보르드 등 여러 방면에서 선도해 가던 근대 프랑스 음악의 대가들과 친숙하게 지내면서 그들로부터 받은 자극과 영향으로 그 특유의 미묘한 스타일과 작풍을 바꾸어 갔다.

1897년 그는 댕디가 이끄는 스콜라 칸트룸에서 피아노 강사로 지냈다. 알베니스는 이 무렵부터 브라이트씨병(일종의 신장병)을 앓아 피아니스트로서의 활동을 중단하지 않을 수 없게 되었고, 2년 후에는 교직도 그만둘 정도로 병약한 몸이 되었다. 1900년에 잠시 스페인으로 돌아왔다. 그러나 건강이 악화되고 음악 활동이 뜻한 바대로 되지 않자 1902년 다시 파리로 돌아간 그는 1903년에는 요양을 위해서 니스로 옮겼다. 요양에 차도를 보지 못한 알베니스는 피레네에서 가까운 칸보 레 반으로 옮겼으나 역시 소용이 없었다. 1909년 5월 18일 병색이 짙어진 알베니스는 딸 라우라가 정원에서 꺾어 온 첫 장미를 보면서 타계했다고 전해진다. 그가 죽기 얼마전 프랑스 정부는 알베니스에게 레종 도뇌르 훈장을 수여했다. 하지만 스페인으로부터는 부음이 전해진 후에도 특별한 영예가 주어지지 않았다.

알베니스의 작품은 앞에서 설명한 〈페피타 히메네스〉 외에 〈헨리 크르프트〉(1895)와 같은 오페라, 관현악곡 〈카탈로니아〉(1899), 약간의 가곡 등을 제외하면 거의가 피아노곡이다. 그의 피아노 협주곡들은 〈피아노 협주곡〉(1887, a단조 'Fantastico'라는 제목이 붙여진), 약간의 관현악이 곁들여진 작품 말고는 대부분이 '독주곡' 형식이다. 초·중기의 작품에는 그가 유복한 환경에 있었던 탓에 민족성보다는 서정적인 소품이 많았으며, 또 여러 악장으로 된 아카데믹한 경향의 소나타도 여러 편이 ─ 그 중 3편이 완전한 형태로 남아 있다 ─ 쓰여졌다.

이러한 곡, 즉 왈츠·마주르카·파반느·에튀드·즉흥곡·고풍적인 조곡 등은 민족적 요소가 약하여 그 가치가 낮게 평가되기 쉬우나, 잘 음미해 보면 그런대로 알베니스의 개성이 드러난 뛰어난 걸작들이 포함되어 있다.

그러나 오늘날 알베니스가 높이 평가를 받는 것은 스페인의 민족성을 드러낸 그의 작품들에 의해서일 것이다. 1880년대 마드리드 시절부터 일부 작품에서 이러한 경향이 뚜렷이 나타나며, 그 중에는 걸작으로 평가받아 오늘날에도 빈번하게 연주되는 작품도 다수 포함되어 있다. 그러나 그의 작품에서 민족적 작풍이 보다 세련되고 예술 작품으로 완성도가 높은 것들은 대부분 1890년대 중반 파리에 정착한 이후에 창작된 작품들이라고 할 수 있다. 특히 그가 만년에 심혈을 기울인 〈이베리아〉는 그의 대표작으로 후세에 길이 남겨지게 되었다.

알베니스는 장난기가 많고 가끔 불끈하는 성미가 있는 반면, 아주 선량하고 친구들에 대한 마음 씀씀이가 자상했다는 것이 그를 알고 지낸 사람들의 일치된 의견이다. 친구 쇼송의 작품 〈시곡〉의 출판에 관한 실화는 알베니스의 성격을 보여주는 좋은 예이다. 그는 작곡자인 쇼송을 대신해서 독일의 브라이트 코프 운트 헤르텔사(社)에 원고를 가지고 갔으나 출판을 거절당했다. 하지만 친구를 실망시키고 싶지 않아서 자신이 출판 비용을 부담하고 쇼송이 죽을 때까지 그것을 비밀에 붙였다. 뿐만 아니라 쇼송이 의심하지 않도록 하기 위해 '인세'까지도 출판사로부터 온 것이라고 말하며 그에게 건네주었다고 한다. 그 밖에 알베니스의 인품을 알 수 있게 하는 에피소드들은 헤아릴 수 없이 많다. 알베니스의 이러한 인간성은 그의 음악에 충분히 반영되어 있는 듯하다. 즉, 그의 독창성과 풍부한 시적 감수성이 한데 어울려 연주자와 청중을 끌어당기는 매력이 악곡에 부여되어 있는 것이다.

작품 해설

[이베리아]에 대하여

별항에 서술한 것과 같이 피아노를 위한 모음곡 〈이베리아〉는 알베니스의 도달점이며, 최고의 걸작이다. 동시에 4권 12곡으로 전곡의 연주시간이 약 1시간 20분 소요되는 이 작품은 스페인 음악이 20세기를 맞으며 진정으로 근대의 '르네상스'를 달성했다는 의미에서 스페인 음악의 금자탑을 이루었다.

알베니스가 〈이베리아〉 창작에 착수한 것은 1905년, 그의 나이 45세 때이다. 창작 전에 일시 고국 스페인에 돌아온 알베니스는 몇 년 동안 살스에라에 손대기도 했지만, 자신의 본영역인 피아노 음악에 있어서는 창작 활동이 뜸했었다.

1897년에 알베니스는 피아노용 모음곡 〈알함브라〉에 착상하여, 제1곡으로서 비교적 알려지지 않은 곡이지만, 폭깊고 섬세한 시정이 넘치는 걸작 〈라 베가(그라나다의 기름진 평야)〉를 썼다. 이 곡이 15분에 달하는 긴 곡으로서는 적당하지 않다고 생각해서인지 알베니스는 그것을 독립된 작품으로 남기고, 제2곡 이하는 더 이상 쓰지 않았다. 그러나 그때 알베니스가 '알함브라 궁전', 즉 남스페인의 옛도시에서 이슬람 문화의 자취에 잠겨 그것에 연관된 몇 곡의 악곡을 작곡하려고 생각했던 것은 중요한 사항이다. 왜냐 하면 그리고 몇 년이 지난 후에 완성된 〈이베리아〉는 그 대상이 알함브라 내지는 그라나다에 한정되지 않는다 하여도, 같은 남스페인인 안달루시아 지방에의 향수와 찬미를 큰 테마로 한 모음곡이 되었기 때문이다.

〈라 베가〉와 〈이베리아〉의 작풍을 비교해 보면 두 작품에 몇 년의 공백이 있었음에도 불구하고, 서로를 잇는 끈이 있음을 알 수 있다. 그의 생애에 있어서 작품 창작의 공백처럼 보이던 몇 년은 사실 작품의 구상을 충분히 하기 위한 잠재기라 보면 적당할 것 같다. 그 사이 알베니스는 서서히 잠식해 들어오는 병마와 싸우지 않으면 안 되었지만, 적어도 정신적으로는 건재하여 '세계로 통하는 스페인 음악'이라는 불타는 염원에 의지하며 작품 활동을 전개하였다.

〈12개의 새로운 인상(12 nourelles impressions)〉이라는 부제를 붙여 파리에서 세상에 모습을 드러낸 이 모음곡은 스페인 민족성과 불가분의 관계에 있는 그의 창의력 및 영감과 그가 근대 프랑스의 대가들에게 배운 세련된 수법을 매우 적절하게 융합시킨 작품이다.

드뷔시는 자신과의 입장을 달리하는 '스콜라 칸트룸파'의 일원인 알베니스와 직접 교제의 기회를 가지지 않았음에도 불구하고, 만년에 이를 때까지 〈이베리아〉를 깊이 사랑하여 악보를 늘 피아노 곁에 두고 있었다고 한다. 드뷔시는 알베니스의 작품에 대해 "〈엘 알바이신〉(〈이베리아〉 제7곡)에 필적할 만한 악곡은 세상에 몇 곡 없다"라고 썼으며, 〈에리타냐〉(제12곡)에 관해서는 "너무나도 풍부한 이미지에 견디기 힘들어 그만 눈을 감고 말았을 정도다"라고 그의 음악이 갖는 강력한 환기력(喚起力)에 탄복하고 있다.

또, 그 후 올리비아 메시안도 〈이베리아〉가 갖는 고유의 분위기에 탄복하여 "…기적을 보는 듯한 스페인 음악의 걸작, 그리고 피아노 음악의 일등성들 중에서도 더욱 더 빛을 내는 최고의 작품…"이라고 평을 했다. 이들을 평범한 작품이라고 여기며 알베니스의 작품에 관심을 보이지 않은 사람들에게 꼭 들려주고 싶다. 이처럼 두 명의 위대한 프랑스인 작곡가가 〈이베리아〉를 평가한 것은 두 말할 나위도 없이 정확한 평가라 여겨진다.

화성법·조성 내지는 선법의 취급·악곡의 구상법 등 많은 면에 걸쳐서 신선한 독창성을 나타낸 이 걸작은 피아니즘(피아노 음악으로서 선법 및 기법)이라는 면에서도 하나의 획기적인 새로운 바람을 세상에 불어넣었다. 가끔씩 논의되는 것이지만 〈이베리아〉에는 '〈이베리아〉를 연주하기 위한 특별한 피아니즘'이 존재한다. 작품의 일부가 발표되었을 때 '너무 어려워 연주가 불가능'이라는 말을 듣고 알베니스가 비관에 빠졌다는 일화도 있다.

그러나 알베니스의 동향인이며 우수한 문하생의 한 사람으로 근대 프랑스 음악 및 스페인 음악의 유능한 소개자로 활동한 블란슈 셀바(스페인어로는 부란카 셀바; 1884~1942)는, 특히 난해한 부분을 '손이 닿기 쉽게' 고치는 등 정열과 성의를 갖고 스승과 함께 검토를 거듭한 후 4권 모두를 초연했다. 작곡 당시 알베니스에게는 자신이 쓴 이 어려운 곡을 칠 수 있는 힘이 이미 없었던 것 같다.

4권 12곡의 작곡 연대 및 초연된 일시와 장소는 다음과 같다.

[( ) 안의 숫자는 일련 번호]

제1권 1) 에보카시온 Evoccación
　　　　2) 엘 푸에르토(항구) El Puerto
　　　　3) 세빌랴의 성체제(聖體祭)
　　　　　　Fête-Dieu à Séville 또는 Corpus-Christi en
　　　　　　Sevilla
작곡 연도 : 1905년, 파리
초　　　판 : 1906년, 파리 뮤투엘사(Edition Mutuelle)
헌　　　정 : 쟌느 쇼송(엘네스트 쇼송의 부인)
초　　　연 : 1906년 5월 9일, 프레이엘 음악당(파리)

제2권 1) (4) 론데냐 Rondeña
　　　　2) (5) 알메리아 Almería
　　　　3) (6) 트리아나 Triana
작곡 연도 : 1) 1906년, 니스* 2) 3) 1906년, 파리
　　　　　*1906년 말이라는 설도 있다.
　　　　　(G : Laplane : *Albenize, Sa vie, son œuvre,*
　　　　Editions du Milieu du Mondo, 1956)
초　　　판 : 1907년, 뮤투엘사
헌　　　정 : 블란슈 셀바(부란카 셀바)
초　　　연 : 1907년 9월 11일, 산 쟝 드 류즈시(市)

제3권 1) (7) 엘 알바이신 El Albaicín
　　　　2) (8) 엘 폴로 El Polo
　　　　3) (9) 라바피에스 Lavapiés
작곡 연도 : 1) 2) 3) 1906년, 니스
초　　　판 : 1907년, 뮤투엘사
헌　　　정 : 마르그리트 악셀만스
초　　　연 : 1908년 1월 2일 포리냐크 공작 부인의 살
　　　　　롱

제4권 1) (10) 말라가 Málaga
　　　　2) (11) 헤레스 Jerez
　　　　3) (12) 에리타냐 Eritaña
작곡 연도 : 1) 3) 1907년, 파리
　　　　　2) 1908년, 니스(자필보에는 1909년이라 쓴
　　　　　　흔적이 있지만 1908년에 출판되었으므
　　　　　　로 오기라고 추정된다.)
초　　　판 : 1908년, 뮤투엘사
헌　　　정 : 피에르 라로 부인
초　　　연 : 1909년 2월 9일(작곡자의 타계 3개월 전),
　　　　　국민음악협회 연주회(파리)

다시 한번 확인하지만 초연자는 전부 블란슈 셀바였다. 전12곡의 타이틀을 일람하면 그것들과 관련된 지역 내지

도시 이름은, ① 불확실, ② 카디스 또는 그 주변, ③ 세빌랴, ④ 론다, ⑤ 알메리아, ⑥ 트리아나, ⑦ 그라나다, ⑧ 불확실, 단 안달루시아, ⑨ 마드리드, ⑩ 말라가, ⑪ 헤레스, ⑫ 세빌랴 — 이상으로 불확실한 ①과 스페인의 중앙에 위치한 수도 ⑨를 제외하면 나머지 전부가 남스페인 안달루시아 지방에 집중되어 있다는 것을 알게 된다.

알베니스는 생애를 통해 고국인 스페인의 여러 지방 내지는 도시의 모습을 음의 파레트에 표현하는 풍물화를 그려냈다 그 중에도 출생지인 카탈루냐를 비롯해 바스크 지방, 아스투리아스 지방 등의 북스페인 카스틸랴 등 중앙 스페인, 거기에 지중해의 섬 마요르카(마조르카)를 노래한 것도 있지만, 확연히 드러나는 것은 안달루시아에 관련된 작품이다.

알베니스는 안달루시아의 풍토에 이끌려, 그가 지닌 민족적 요인에 의해 동양적 성격을 띤 이 지방의 민속 음악 — 플라멩코에 직접 관련된 것 — 에도 깊은 관심을 보이고 있다. 알베니스는 그 자신의 민족적 요인에 대해 다음과 같이 언급한 바 있다.

“…나에게는 틀림없이 모로인(무어인, 아라비아계와 북아프리카계의 인종이 섞인 중세 이베리아 반도의 이슬람교도)의 피가 흐르고 있다.”

어찌되었든 그의 작품에서는 안달루시아 지방의 민속 음악의 ‘미의 선법’ (프리기아 선법)의 독특한 취향을 세분화시켜 자즈 싱코페이션을 동반한 리듬의 묘미를, 스페인의 ‘국가 정서’를 알리는 절묘한 소재로써 활용하고 있다.

알베니스는 또 모국 스페인에 대해서 말할 때 마치 사랑하는 여자나 친인척 여성을 부르듯 ‘미 모레나(mi morena — 갈색의 살결을 지닌 여인 —’라고 늘 말했다. 스페인에서 파리로 온 고국의 사람들을 만나면 “어떠한가요, 나의 모레나는?” 하고 물었다. 긴 세월을 파리에서 살아서인지 스페인은 언제나 그에게 있어서 갈색의 사랑스럽고 그리운 여인이며 어머니였다. 그에게는 스페인이 ‘미 모레나 인그라타(함께 할 수 없는 갈색의 살결을 지닌 나의 여인)처럼 그리운 대상이었다. 이는 알베니스의 마음 속에는, 자신의 음악을 결코 자신이 생각하는 만큼 높이 평가해 주지 않는 고국 스페인의 음악 사회에 대한 미움은 아니지만, 탄식과 한숨이 항상 있었음을 의미한다. 그래서 그러한 심정들을 더욱 더 음악에 쏟아부었던 것이다.

알베니스의 음악은 몸을 베어내는 듯한 망향의 시였다. 겉으로 드러나는 것은 햇살처럼 눈부시다 하더라도 12곡을 통해서 흐르는 그와 같은 정감과 정념을 이해하고 공감하지 않고서는 〈이베리아〉를 말할 수 없다.

[이베리아] 제3권

1) 엘 알바이신
2) 엘 폴로
3) 라바피에스

제1곡 (통산 제7곡) 〈엘 알바이신〉

〈트리아나〉(제2권 제3곡)가 세빌랴의 집시 거주지임에 비해 〈엘 알바이신〉은 그라나다의 집시 거주지이다. '알바이신'은 아라비아계의 언어로서 '언덕이 많은 마을' 또는 '언덕 위의 마을'을 의미하지만, 사실은 그라나다의 엘 알바이신에는 작은 구릉의 중턱에 집시족이 동굴을 파서 거주했으며, 급경사가 많다. 프라이팬이나 많은 냄비 종류를 벽에 걸어 장식한 동굴 내에서 연출되는 집시들의 독특한 분위기를 이어 온 음악, 기타, 그리고 춤은 예부터 이곳을 방문하는 사람들을 매료시켜 왔다. 그리고 이름 높은 아란부라(알함브라) 궁전이나 이곳에 인접한 헤네라리헤의 정원을 가진 그라나다는 스페인 유수의 관광 명소로 알려져 있다.

이 곡 〈엘 알바이신〉은 밤마다 열리는 집시들의 연회 모습을 환상적으로 그려낸 듯한 기타의 반주와 칸타오르(플라멩코 가수)의 가성 등이 알베니스의 독특한 수법과 혼합되어 고도의 피아니즘으로 승화되어 있다. 약한 연주에서 강한 연주까지 진폭의 풍부함도 인상적이며, 따라서 드뷔시가 이 곡을 특히 칭찬한 것도 깊이 수긍할 수 있다.

이 곡은 알레그로 아사이 마 마린코니코(알베니스는 이 단어만을 'melancólico'라고 스페인어로 써 예외 없이 '뒤죽박죽식'의 장난스러움을 보여주고 있다), b♭단조, 8분의 3박자 곡이다. 제1 악상은 소프트 페달로 지정된 최고 약한 스트카토로 현묘하게 연주된다. 기타를 연상시키는 이 부분은 b♭단조라기보다는 f음을 주음으로 하는 프리기아 선법에 의하고 있다. 처음의 고요함은 점점 더 화성에 의해, 그리고 격한 악센트에 의해 흥분이 가미되어 빠른 기타의 연주를 연상케 하는 셋잇단음의 패시지로 더욱 분위기가 고조된 곳에서 한순간 호흡이 멈추면서 칸타오르의 노래가 시작된다.

알베니스가 젊었을 때부터 편애한 수법인 2옥타브의 유니즌에 의한 단선율을 〈이베리아〉에서도 현저하게 사용하고 있는 것은 흥미로운 사실이다. 이하 악곡은 '기타의 연주'와 '노래'를 교대로 반복하는 것에 의해 짜여지지만 단조로 떨어지지 않고 항상 미묘한 변화가 담겨져 있다. 조바꿈의 묘미도 대단하다.

제2곡 (통산 제8곡) 〈엘 폴로〉

〈엘 폴로〉(el은 단순한 관사이므로 생략해도 좋다)는 안달루시아에 예부터 전해 오는 민요·무곡의 이름으로, 오늘날 칸테 플라멩코(플라멩코의 노래)로서 불리는 폴로는 오히려 느릿한 템포를 지닌 장중한 칸테 그란데('크나큰 노래' 높은 조의 노래)의 한 형태이다. 그러나 이것은 민요·무곡의 폴로가 19세기 중엽 이후에 '플라멩코화'된 후에 일어난 현상이며, 19세기 초경의 폴로는 오히려 빠르고 경쾌한 템포를 가졌다고 한다.

알베니스가 품었던 것도 이러한 고전적인 폴로의 개념이었던 것이 틀림없다. 화랴의 이름높은 가곡집 〈일곱 개의 스페인 민요〉의 마지막 곡에도 '폴로'가 놓여 있지만 곡상으로 본다면 화랴는 보다 플라멩코적이다. 단, 화랴도 다른 의미로 효과를 높이기 위해 템포를 올려서 알레그로로 하고 있다.

폴로는 전통적으로 애수를 띤 정열적인 곡조가 많고 알베니스도 이 곡의 시작(제17마디)에 'doux en sanglotant, 달콤하고 흐느끼듯이'라고 기입하여 정서적인 뉘앙스를 구하고 있다. 늘 무곡조의 풍취를 유지하면서 애련한 취향이 넘치는 이 주제는 한번 몸을 가라앉힌 다음 다시 높게 날아올라 더욱 더 정열적인 노래로 이어진다. 조바꿈이나 싱코페이션에 의한 악센트의 변화 등이 담겨 있다고 하나, 이 주제의 반복은 조금 일률적으로 절정감이 없을지도 모른다. 이 곡이 〈이베리아〉 중에서 순수한 존재로 낮게 평가되는 것은 이러한 이유 때문인 것 같다. 그러나 반면 이런 구심적인 기법을 택함으로 해서 〈엘 폴로〉에는 한결같은 모습의 유사한 매력이 있음을 놓쳐서는 안 된다.

알레그로 마린코니코(주 : 여기서도 알베니스는 '알레그로 멜란코리코'라고 이탈리아, 서유럽이 혼합된 표현을 쓰고 있다)

f단조, 8분의 3박자

제3곡 (통산 제9곡) 〈라바피에스〉

대부분의 곡이 안달루시아(남스페인)에서 소재를 찾고 있는 〈이베리아〉 중에서 이 아홉 번째 곡은 약간 이색적이다. '라바피에스'라는 곳은 스페인의 거의 중앙, 카스틸랴 고원에 위치하는 수도 마드리드의 한 구역의 이름이기 때문이다. 라바피에스는 마드리드의 중심가에서 남으로 언덕을 내려간 곳에 있는 문자 그대로의 빈민가로서, 이 곡에는 그곳 축제날의 정경이 생생하게 그려져 있다. 손으로 돌리는 오르간이 연주하는 스페인풍 탱고의 애교 띤 선율과 리듬에 끌려 재잘거리면서 춤추는 축제날의 분위기가 그대로 드러난다.

'이 곡은 명랑하게, 또 더 자유롭게 치도록'이라는 지시가 곡 첫머리에 쓰여져 있다. 이른바 탱고식(또는 하바네라식)의 2박자이면서 시종 셋잇단음이 엉켜서 독특한 뉘앙스를 자연스럽게 이끌어 내는 이 곡의 분위기는, 적어도 유머를 아는 순수한 사람이 아니면 표현할 수 없을 것이다. 도중의 오선보 3단에 쓰여져 있는 것처럼 풍부한 울림을 가진 곡이기도 하다.

이윽고 악상이 바뀌어 간격이 많은 독특한 리듬에 이끌려 왼손에 낭랑한 노래의 선율(ab단조)이 나타난다. 이 선율은 고음역으로 높게 퍼져나가 중간의 클라이막스를 형성한다. 계속하여 조바꿈이 많은 전개부 부분이 나타난 후 제1 주제(다소 변형되어 있는 것)가 주조로 돌아와, 그 전의 딸림조에서 보였던 제2의 주제가 주조(Db장조)로 옮겨져 모습을 드러낸다. 즉, 이 곡은 처음부터 자유로운 것이었지만 소나타 형식의 디자인을 갖추고 있다.

[이베리아] 제4권

> 1) 말라가
> 2) 헤레스
> 3) 에리타냐

제1곡 (통산 제10곡) 〈말라가〉

이 곡은 지중해에 접해 있는 아름답고 고풍스러운 항구 도시 말라가의 정취를 전해 주는 곡이다. 민요·무곡 말라게냐를 태어나게 한 이 도시도 알베니스가 젊었을 때, 그에게 영감을 준 곳이라고 말할 수 있다. 예를 들어 모음곡 〈여행의 추억〉(Op. 71, 1889년경) 중 〈라 카레타의 술렁임(포구의 술렁임)〉, 모음곡 〈스페인(Op. 165 1890년경)〉 중의 〈말라게냐〉 등은 판당고계의 민요 말라게냐(보통은 말라게냐스라고 복수형으로 칭함)의 성격을, 〈미의 선법(프리기아 선법)〉은 6개의 프레이즈로 형성된 독특한 화성의 진행을 더듬어 가는 '노래' 부분의 특색에 이르기까지 확실히 그 영감을 담아 내고 있다. 원숙기에 작곡된 이 〈말라가〉는 피부에 와닿는 민족색이 흐려지고 그 대신 화성의 면에 있어서 대단히 개성적인 필치가 돋보인다.

이 곡은 알레그로 비보, bb단조, 4분의 3박자 곡으로, 여기서도 프리기아 선법(여기서는 f를 주음으로 한다)으로 f의 경사가 심한 주제 선율이 변형되면서 낭랑하게 고음역에서 불리어진다. 경과적인 부분을 거쳐 왼손이 중음

역만을 연주하며, 남스페인다운 노래가 흘러나온다(제58마디).

이 노래는 Db장조에서 시작하지만 c#단조, f#단조, e단조, g단조 등 자유자재로 조바꿈을 거듭해 간다. 선율이 고음역에 옮겨서 온편 아르페지오로 반주되는 곳은 특히 아름답고 인상적이다. 이윽고 제1 악상이 변용되다가 다시 돌아옴과 동시에 발전해 나간다. 더욱이 남스페인적인 노랫가락(제2 테마)이 다시 나타나 Eb장조에서 Bb장조를 거쳐 Db으로 오면 이전처럼 아름답게 아르페지오를 따라가며 불려진다.

여기에 이르기까지 화성과 조바꿈의 변용에서 복잡하고 다채로운 방법을 보여주는 작품이다. 끝맺음은 Bb장조의 밝고 안정된 곡상으로 바뀌어 간다.

제2곡 (통산 제11곡) 〈헤레스〉

헤레스는 서안달루시아의 평야 지대에 있으며 카디스 항으로부터 그리 멀지 않은 마을이다. 예부터 와인이 많이 나는 곳으로 독특한 제조법에 의해 고유의 맛과 향기를 가진 셰리 와인의 본고장으로 명성이 높다. 그리고 영어의 셰리(sheary)는 헤레스의 옛 철자인 'Xeres'로부터 변형된 명칭이다. 또한 헤레스는 '플라멩코의 요람'으로 알려져 있으며, 예부터 이 장르의 명가수, 명무용수, 명기타리스트를 배출한 지방이기도 하다.

이 곡은 안단티노, 4분의 3박자로 조성은 a단조라기보다는 확실히 E의 프리기아 선법(미의 선법)으로 짜여져 있다. 전반적으로 플랫이 많은 조표로 된 〈이베리아〉 중에서 이 곡만은 조표 없이 쓰여졌으면서도 제17마디에서 처음으로 g음에 샤프가 붙기까지 모두 흰 건반만을 사용하고 있다. 즉, 선율적인 것이 아니라 화성적인 것에도 순수한 프리기아 선법으로 구성된 희귀한 작품이다. 이러한 점이 고풍적이라기보다 신선하고 묘한 시정을 느끼게 한다(또한 이렇게 첫부분을 흰 건반으로 썼다는 것은 알베니스다운 해학으로, '흰 벽의 마을'에 대한 찬사일지도 모른다).

이렇게 흐르던 박자가 8분의 3박자로 변하고 리드미컬한 요소가 강조된다. 이 새로운 악상과 '템포 프리모'가 교대로 반복된 후 자유롭고 환상적인 '노래' 부분으로 들어가게 된다. 이 부분은 속삭이는 듯한 반주 음형을 가진 서정적 선율로 리드미컬한 간주를 끼고 착 달라붙어 연주된다.

다시 처음의 악상이 변형되면서 돌아오고, 끝은 E장조(E의 프리기아 선법과 주음을 같게)로 되어 감미롭게 매듭짓는다. 〈이베리아〉 중에도 가장 긴 연주시간과 가장 섬세한 로맨티시즘을 지닌 걸작이다.

제3곡 (통산 제12곡) 〈에리타냐〉

이 제목은 세빌랴 시 교외에 있던 요정의 이름이라고 한다. 축제날의 춤곡인 세빌랴나스의 모습을 띠고 쓰여져 있지만, 단순한 민속 무곡도 아니고 묘사풍도 아닌, 고도로 세련된 마음 속 풍경을 그린 작품이라 부르고 싶다. 이 작품에 대해 드뷔시는 "음악이 예전에 이처럼 다채로운 인상을 만들어낸 적은 없었다. 너무나도 많은 영상을 보아 둥그레진 눈을 감고 싶을 정도다."라고 언급한 바 있다.

이 곡은 알레그레토 그라치오소, E♭장조(알베니스의 작품 중 이 조는 드물다), 4분의 3박자 곡이다. 상큼하면서도 명쾌한 첫머리의 프레이즈(스타카티시모 죠코소)에 이끌려 밝고 순수한 세빌랴나스의 춤이 시작된다. 그 템포는 한순간도 늦춤없이 끊임없이 흐르는 물처럼, 끊임없이 넘치는 햇살처럼 경쾌한 변주로 수놓여져 간다. 이 곡은 알베니스기 젊었을 때부터 가끔 지었다는 '노래하며 춤추는 안달루시아'로의 마지막 찬가였다.

[나바라]

알베니스 만년의 곡으로 미완성인 채 남겨진 작품이다. 대가로 인정받은 당시 젊은 작가 마르그리트 롱에게 헌정된 이 곡은 스페인의 동북부 나바라 지방의 호타 무곡을 소재로 한 밝고 화려한 곡이다.

〈이베리아〉의 마지막 한 권 사이를 메꾸기 위해 작곡된 곡 같은데, 결국 완성을 보지 못했고, 알베니스 사후에 부인이 의뢰한 프랑스 작곡자 데오다 도 세브락(1872~1921)에 의해 마지막 부분이 보완되어 완성되었다. 스콜라 칸트룸에서 알베니스에게 피아노를 배운 세브락은 그의 음악과 사람됨을 경애하고 친교를 맺었다. 근대 프랑스의 '음의 목가 시인'인 세브락의 보완(229마디 이후) 부분은 소극적이고 절정감이 결여되어 있으나, 사람됨이 성실했던 세브락이 보완 작업에 충실했음은 물론이다. 그러나 잊을 수 없는 스승이면서 친구였던 알베니스에 대한 존경심과 애석함이 오히려 보완 작업의 방해가 되어 자발성이 결여된 태도를 취하게 했는지도 모른다.

이 곡은 알레그로 논 트로포 A♭장조, 8분의 3박자 곡으로, 곡조가 너무 경쾌해서 지병인 브라이트씨 병에 걸려 쇠약해진 사람의 솜씨라고 보기 어려울 정도다. 알베니스는 이때까지도 젊은 감성을 지녔고, 기법은 절정의 원숙기에 접어든 시기에 안타깝게 눈을 감은 것이다.

8마디의 리드미컬한 서주 반주 후 명쾌한 호타의 선율이 표정 풍부하게 흘러 넘친다. 이 테마가 2번, 3번의 변용을 맞이하면서 반복된 후, 리드미컬한 패시지를 두고 중간부의 서정적인 노래로 들어간다. 한결같이 고음역의 노래로 이상적인 기타처럼 섬세한 화성을 포함시키면서 그것을 색칠하는 중간부에 아르페지오가 있다. 그리고는 템포 프리모로 바뀌며 리드미컬한 무곡의 주제로 돌아오지만, 이 부분은 단축되어 코다로 인도된다.

그리고 나바라 지방의 호타에 관하여 설명해 두기로 한다. 호타는 원래 나바라 지방에 인접한 아라곤 지방을 본거지로 하는 민요 무곡이지만, 일찍부터 나바라에도 전해져 독자적인 나바라 스타일의 무곡이 되었다.

이곳 출신의 유명 바이올리니스트 겸 작곡자 파블로 데 사라사테(1844~1908)가 자신의 악기를 위해 만든 곡 중에, 수법의 차이는 있으나 느낌은 알베니스의 유작과 흡사한 〈호타 나바라〉를 남기고 있는 것을 연상하는 사람도 있을 것이다.

알베니스 피아노 작품표

이 작품표는 P.바이텔만의 역작 《이자크 알베니스 ― 피아노 작품의 연대순 리스트와 주제 목록》을 기본으로 작성했다. 이 표는 현존하는 작품만 다루었으며, 흩어져 없어진 작품은 설명하지 않았다.

구문 표기가 프랑스어, 이탈리아어, 스페인어, 영어 등으로 되어 있는 것은 초판의 타이틀을 존중했기 때문이다.

또, 고딕 글자는 본서에 수록된 작품이며, 작품 번호의 오른쪽에 표시된 O표는 춘추사판(태림출판사 발행) 〈피아노 명곡집(알베니스)〉에 수록되어 있다.

작품번호	곡 명	작곡연도
12	파바나 카프리치오 Pavana—capricho	1883이전
23	뱃노래 Barcarola	1885이전
25	6개의 작은 왈츠 Seis pequeños valses	1884이전
28	소나타 제1번 1ª Sonata	1884이전
―	아라비아풍의 세레나데 Serenata árabe	1886이전
40	연주회용 연습곡 〈소망〉 〈Deseo〉 Estudio de concierto	1883~86
47	**스페인 조곡 Suite española** (전 8곡) •1	1886
54	고풍스런 조곡(전 2곡) Suite ancienne	1886이전
56	즉흥 연습곡 Estudio impromptu	1886이전
64	고풍스런 조곡 제2집 (전 2곡) 2ᵉ Suite ancienne	1886경
65	흰 건반 위의 7음을 주음으로 하는 7개의 연습곡 Siete estudios en los tonos naturales mayores	1886경
(66)	6개의 살롱풍 마주르카 •2 6 Mazurkas de salón	1886이전
66	쿠바 환상곡 Rapsodia cubana	1886이전
68	소나타 제3번 3ª Sonata	1886이전
―	무언가 〈고뇌〉 〈Angustia〉 Romanza sin palabras	1886경?
―	미뉴에트 제3번 3ᵉʳ Minuetto	1886경?
70	스페인 환상곡(피아노 독주판) Rapsodia española, piano seul	1887경
71°	여행의 추억 (전 7곡) Recuerdos de viaje	1886경
―	카디스－가디타나 Cadiz－gaditana	1886~90?
72	소나타 제4번 4ª Sonata	1887이전
―	고풍스런 조곡 제3집 (전 2곡) 3ᵉ Suite ancienne	1886
―	미뉴에트 Menuet	1887이전
―	6개의 스페인 무곡 Seis danzas españolas	1887이전
―	〈샴페인 왈츠〉 (살롱풍 왈츠집 [코디온] 제1곡) •3 〈Champagne vals〉 / 〈Cotillon(Carte blanche)〉 Vals de salón	1887이전
80	마주르카 〈추억〉 〈Recuerdos〉 Mazurka	1887이전
81	살롱풍 마주르카 Mazurka de salón	1887이전
82	소나타 제5번 5ª Sonata	1887이전
83°	작은 손을 위한 부드러운 파바나	1887이전

작품번호	곡 명	작곡연도
92°	Pavana fácil para manos pequeñas 12개의 성격적 소품 Douze pièces caractéristiques pour piano	1888경
―	〈마을의 축제〉 〈La fiesta de aldea〉	1888
95, 96	2개의 살롱풍 마주르카 2 Mazurkas de salón	1889이전
97	스페인 조곡 제2집 (전 2곡) 2ᵉ Suite espagnole	1890이전
101	〈사계〉 미니어처 앨범 (전 4곡) 〈Les Saisons〉 Album of Miniatures	1892이전
111	소나타 제7번 Sonata No. 7	1890이전?
140	마주르카 제1번 · 제2번 •4 First Mazurka, Second Mazurka	1886경
164	**2개의 스페인 무곡** •5 **Deux Dances** [sic!] **espagnoles**	1889이전
165°	〈스페인〉 6개의 앨범 리프 〈España〉 Six feuilles d'album	1890
170	〈가을〉 왈츠 〈L'Automne〉 Vals	1890경
181	**스페인풍 세레나다 Serenata española** •6	1890경
201	〈꿈〉 (전 3곡) 〈Rêves〉 •7	1891경
202°	뱃노래 〈마주르카(마요르카)〉 〈Mallorca〉 Barcarola	1891경
―	그라나다의 삼브라 (동양적인 무곡) Zambra granadina (Danse orientale)	1890경
―	소르치코 Zortzico	1891~93?
232	**스페인의 노래 (전 5곡) Chants d'Espagne** •8	1896경
―	〈스페인〉 〈추억〉 〈Espagne〉 (Souvenirs)	1897경
―	〈라 베가〉 (조곡 [알함브라]의 제1곡) •9 〈La Vega〉 (〈The Alhambra〉 Suite pour le piano)	1897
―	**[이베리아] (12개의 새로운 인상 전 4권)** **<Iberia (12 nouvelles "impressions" enquatre cahiers)>**	1905~08
―	〈이본느의 방문〉 (전 2곡) 〈Yvonne en visite!〉 •10	1909이전
―	**<나바라> <Navarra>** •11	1909
―	〈아수레호스〉 〈Azulejos〉 •12	1909

[주1] 〈스페인 조곡〉 Op.47은 작곡자가 세상을 떠난 후 1911년에 8곡의 조곡으로 출판되었으나, 1) Granada 2) Cataluña 3) Sevilla 8) Cuba의 4곡만 존재하며, 나머지 4곡은 출판사가 전혀 다른 작품을 표제만을 바꾸어 유용한 것이다. 작품 해설 참조.

[주2] 이 작품은 알베니스 또는 출판사의 실수로 다음의 〈쿠바 환상곡〉과 같은 작품 번호 66이 붙어 있지만, 최근의 Unión Musical Española 판에는 작품 번호가 삭제되어 있다. 또, 6곡 중 2곡은 1890년에 작품 번호 140으로 다시 출판되었다.

[주3] 왈츠집 Cotillon의 제1곡. 제2곡 이하는 작곡되지 않았다.

[주4] Op.(66)-2 'Casilda', Op.(66)-5 'Christa' 와 같은 작품.

[주5] 2곡 중 제1곡 Jota aragonesa는 Op.47-6 'Aragon'으로 알려져 있다.

[주6] Op.47-4 'Cádiz'로 알려져 있다.

[주7] 판에 따라 작품 번호에 혼란이 보이며, Op.101로 되어 있는 경우도 있다.

[주8] 5곡 중 제1곡 Préludio는 Op.47-5 'Asturias'로, 또 제5곡 Seguidillas는 Op.47-7 'Castilla'로 알려져 있다.

[주9] 피아노를 위한 조곡 Alhambra의 제1곡이다. 제2곡 이하는 작곡되지 않았다.

[주10] 몇 명의 작곡가에 의한 합작곡집. 이 중 2곡을 알베니스가 작곡.

[주11] 미완성. 세브라크의 보필에 의해 완성.

[주12] 미완성. 그라나도스의 보필에 의해 완성. 조곡 중의 제1곡. 제2곡 이하는 작곡되지 않았다.

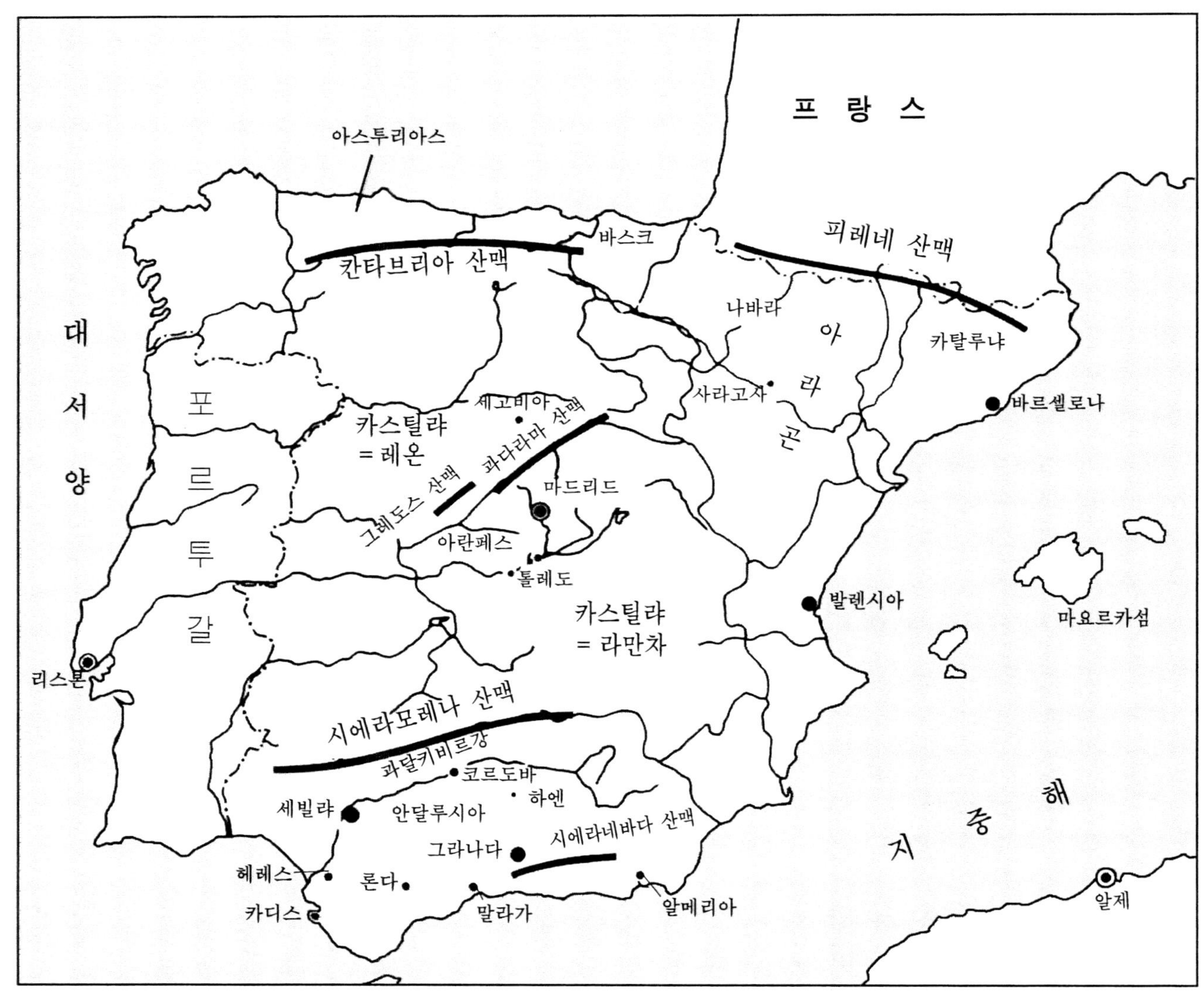

1. 춘추사판(春秋社版) 알베니스 피아노작품집 〈이베리아〉, 〈나바라〉를 교정함에 있어서는 Mutuelle사나 초판보(譜)를 대본으로 삼았다. 여러 가지 사정으로 자필 악보를 열람할 기회는 없었으나, 이를 기초로 한 이글레시아스(Iglesias) 교정의 Alpuerto판과 대조함으로써 보완할 수가 있었다. 그 밖에 자료로서 International판, Unión Musical Ediciones판 등(초판의 리프린트에 지나지 않는 여러 출판보는 제외)도 참고하였다.

2. 교정보고는 ①곡명, 작곡 연도, ②초판의 오리지널 타이틀, 출판사, 출판 연도, ③자필 악보의 소재, ④보고 기사 등으로 이루어져 있다.

3. 교정자에 의한 텍스트의 부가·보완에 대해서는 [ ] 등으로, 괄호, 이음줄, 붙임줄 등의 정정·부가에 대해서는 점선으로 이를 표시한다. 정정·삭제에 관해서는 교정보고에 명기한다. 단, 곡에 따라서는 스타카토와 테누토 기호, 악센트 등 세밀한 기호의 보완이 많기 때문에 텍스트·교정보고에서 이에 관해 일일이 명시한다는 것은 불가능했다. 또, 더 이상 텍스트를 번잡하게 만들지 않기 위해 교정자의 정정·부가 중 이미 다른 판에서 똑같이 처리된 데 대해서는 간혹 [ ] 또는 점선 사용을 삼갔다. 다른 판에서 읽은 것을 사용한 경우에는 그에 관해 보고하도록 노력했으나, 지면 관계로 일부만을 수록하였다.

4. 알베니스는 음악 용어 또는 그 밖의 용어를 이탈리아어·프랑스어(간혹 스페인어)를 병용하여 기입하고 있으나, 분명한 오철(誤綴) 또는 *sempre expressif*와 같은 이탈리아어와 프랑스어가 혼용되는 경우에만 이를 다시 쓰되도록 원문을 존중하기로 했다. 초판에는 자필 악보에서는 볼 수 없는, 써 넣은 부분이 많았는데, 이들은 대부분 프랑스어로 쓰여져 있어 교정시에 작곡자 자신이 보필한 것으로 추측된다. 이들을 이탈리아어로 옮긴다는 것은 작품 성립의 경위를 살펴보는 데 지장을 줄 우려가 있다.

5. 임시 보표에 대해서는 초판에 따랐다. Alpuerto판에서 볼 수 있는 것과 같은 조표에 고쳐 쓰거나 엔하모닉에 의한 소리읽기는 원칙적으로 하지 않았다. 주의 임시 기호에 붙여진 ( ) : ♯♯ ♭♭은 삭제 또는 내추럴 (♮♯, ♮♭ 등의 ♮)은 생략하였다.

6. 페달 지시는 [ ] 안의 것을 제외하고는 모두 작곡자가 붙인 것이다(이에 대해서는 연주 노트 참조).

7. 운지 숫자의 이탤릭체는 오리지널, 그 밖의 것은 편집자가 붙인 것이다.

8. 기보상의 스페이스 관계로 본서에서는 붙임줄(때로는 이음줄)을 표시함이 있어 ♩♩♩, ♩♩♩ 등 두 종류의 방법을 병용하였다.

9. ☐ 안의 숫자는 작은 마디 번호를, (상)·(중)·(하)는 각기 보표의 상단·중단·하단을 표시한다.

10. 음높이 표시는 독일계 음이름을 사용(G음 기호 제2칸＝a¹)

MUT＝Édition Mutuelle, Paris. 〈이베리아〉〈나바라〉 등의 초판을 출판한 곳.

UME＝Unión Musical Ediciones, S.L., Madrid. 이 출판사는 최근까지 Unión Musical Española로 알려져 있었다. 본서 교정보고에서 UME라고 표시한 경우는 주로 Ediciones 간행의 〈Iberia〉 제1권, 제2권의 신판을 의미한다(제3권 이하는 미출간).

INT＝International Music Co., New York. 1982∼1983년에 Marthe Morhange Motchane 교정의 〈Iberia〉 전4권을 냈다. 또한, 동사의 〈Navarra〉에는 교정자 이름이 없음.

ALP＝Editorial Alpuerto, S. A., Madrid. Antonio Iglesias Alvarez 교정의 〈Iberia, La Vega, Azulejos, Navarra〉(1993)를 출판한 곳.

＊이 원고를 거의 탈고할 무렵 다음 카탈로그를 입수함으로써 자필 악보 소재를 밝힐 수 있게 되었다.

Pola Baytelman : *Isaac Albeniz* Chronological List and Thematic Catalog of His Piano Works, Harmonie Park Press, Michigan, 1993.

교정 보고

알베니스 필생의 대작인 〈이베리아〉의 초판은 1906~1908년에 걸쳐 전12곡을 4권에 나누어 파리의 뮤투엘사(Édition Mutuelle, Paris 이하 MUT로 약칭)에서 출판하게 되었으며, 거의 때를 같이 해서 그 리프린트가 유니언 뮤지컬 에스파뇨라사(Unión Musical Española, Madrid, Barcelona)에서 간행되었다. 그 후 Gráficas Reunidas (Madrid), Rouart Lerolle & Cie(Paris), Édition Salabert (Paris), Kalmus＝Belwin Mills Corp,(Melville, New York), Dover Publications(New York), E. B. Marks Corp.(New York) 등에서 계속 간행된 출판보는 모두가 MUT의 리프린트 내지는 몇 군데만 약간 손을 본 것에 지나지 않아 기본적으로는 교정된 것이 아니라고 할 수 있다.

예컨대 E. B. Marks판의 〈이베리아〉 제1권(1936)·제2권(1937)을 보면 Venato de Campo에 의한 신판이라고 말하고 있으나, 그 내용은 MUT를 완전히 리프린트한 것이고, 제3권(1946)에는 교정자 이름이 없이 텍스트의 프랑스어를 영어와 이탈리아어로 번역해 놓았을 뿐이다(게다가 이 판의 역어는 부정확하기까지 하다). 제4권은 이 출판사에서 출판된 것이 아닌 듯하다. 동사 간행의 〈나바라〉에 대해서도 G. M. Leonard에 의해 새로 고친 것으로 되어 있으나, 프랑스어의 영역(英譯) 외에 악센트가 새로 붙여진 세 군데와 하나의 붙임줄이 보완되어 있을 뿐이다.

그러고 보면 1982~1983년에 인터내셔널사(International Music Co., New York 이하 INT로 약칭)가 Marthe Morhange-Motchane을 교정자로 하여 새로운 판을 만들기까지, 이름이 다른 출판사가 말하자면 포장만을 바꾸어 동일 상품을 판매한 것에 지나지 않는다. INT판은 적극적으로 기보를 정리하고, 잘못된 곳을 정정하려고 노력한 최대 출판보인 반면에, 새로운 실수도 많이 범하고 있다(INT는 그 이전인 1930년에 Isidore Philip 교정의 〈이베리아〉를 출판한 것 같은데 교정자 불명. 아마도 리프린트에 운지 숫자를 붙인 것으로 추정된다).

유니언 뮤지컬 에스파뇨라(Unión Musical Española)는 최근에 회사명을 유니언 뮤지컬 에디시오네스(Union Musical Ediciones, S. L., Madrid)로 고치고 현재 〈이베리아〉의 신판을 간행 중이다. 제1권은 1990년에, 제2권은 1992년에, 제3권 이하는 이 원고 집필 시점에서 미출간(본서에서 이하 UME라고 약칭을 사용한 것은 주로 이 에디시오네스의 신판을 가리킨다). 이 UME판은 유감스럽게도 부주의로 인한 잘못이 곳곳에 드러난다.

〈이베리아〉는 초판 이래 방대한 양의 오류(교정자가 조사한 바로는 1500군데 이상이나 됨)가 3세기 이상 그대로 방치되어 왔으나, 본국 스페인은 마침내 이같은 엄청난 문제를 처리할 수 있는 재능의 소유자를 만나게 되었다. 그는 바로 피아니스트 겸 음악학자인 안토니오 이글레시아스(Antonio Iglesias)이다. 스페인 근·현대 음악에 대한 그의 조예는 놀랄 만하며, 이에 관한 저작도 많다. 그러나 이 모두가 스페인어로 쓰여져 있기 때문에 현재로서는 국제적으로 그의 진가가 평가되지 않고 있다고 할 수 있다.

1933년에 마드리드의 알푸에르토사(Editorial Alpuerto, S. A., Madrid 본서에서는 이하 ALP로 약칭)에서 출판된 이글레시아스 교정의 〈Iberia, La Vega, Azulejos, Navarra〉는 자필보에 따른 철저한 연구 성과이며, 그동안의 출판보와는 차원이 다른 수준 높은 것이어서 이 판으로 많은 연구자들이 혜택을 누리게 되었다. 본서의 교정자도 여러 해 동안 〈이베리아〉의 불완전한 여러 판으로 말미암아 많은 고생을 하였으나, 이번에 ALP판의 〈알베니스〉집을 만나 오류가 있는 곳과 문제되는 부분에 관한 견해가 일치되고 있음을 알게 되어 큰 힘을 얻었다.

ALP판은 독보와 연주상의 어려운 점을 경감시킨다는 점을 교정·편집의 주안점으로 삼았기 때문에, 조이름을 고쳐(예컨대 Evocación은 이 판에서는 g#단조로 기보되어 있음) 알베니스의 피아니즘에서 일대 특색인 손이나 손가락의 교차를 되도록 피하면서, 보표의 상하 양단에서 빈번하게 소리를 바꿔 넣는 등 매우 과감하게 텍스트를 다루고 있는데, 이에 대해서는 연주 노트에서 다시 언급하기로 한다.

[이베리아] 12개의 새로운 '인상' 전4권(1905~1908)*
[Iberia] 12 nouvelles 'impressions' en quatre cahiers

　* [이베리아] 제4권의 초판이 MUT에서 출판된 것은 1908년이지만, 제4권 제2곡 〈헤레스〉의 자필보에 '1909년 1월, 니스'라는 메모가 있어 어긋나고 있다. 교정자는 1909년을 알베니스의 착각에 의한 오기로 판단, 이것을 1908년(내지는 1907년) 1월로 추정했다. 따라서 [이베리아] 전곡의 작곡 연대는 1905~1908(1907?)이 된다.

[이베리아] 제3권 (1906년)

1) 엘 알바이신
2) 엘 폴로
3) 라바피에스

[초　판] [Iberia] 3me Cahier, MUT 1907
　　　　　1) El Albaicin 2) El Polo 3) Lavapiés
[자필보] 1) 카탈루냐 도서관 음악 부문 소장, 바르셀
　　　　　로나(Biblioteca de Catalunya, Departament
　　　　　de Música, Barcelona)
　　　　2) 오르페오 카타라 도서관 소장, 바르셀로나
　　　　　(Biblioteca del Orfeo Català, Barcelona)
　　　　3) 음악 박물관 소장, 바르셀로나(Museo de la
　　　　　Música, Barcelona)

제1곡 〈엘 알바이신〉

자필보에 1906년 11월 4일 니스, 또 타이틀은 프랑스어
로 "L' Albaicin"

이 작품은 여러 판에서 스타카토, 테누토 기호, >, *sf*,
이음줄 등의 오류, 부가 등 여러 가지가 보인다. 본서에도
텍스트를 이것 이상으로 뒤섞이지 않게, 오해가 생길 위
험이 없는 부분에는 이것들을 보완, 정정하기 위해 [　]
나 점선을 일부 사용하였다. 또, 교정 보고에도 이것들에
관한 많은 기사를 할애하였다.

서두 표시. 모든 판에 melancolico[sic!]. 이것을 정확하게
이탈리아어 malinconico로 고친다(melanconico도 좋지만 음
악 용어로 사용하는 것은 드물다). cf mélancolique(불),
melancólico(서)

[29] (하)　INT, ALP : 첫번째 박자에 *2 Ped.*의 표시를
둔다.

[30] [31] (하)　INT : 첫번째 박자에 *Ped.*의 지시 있음.
불필요.

[33]　세번째 박자에 *ppp*를 보완. ALP에서는 *pp*와 이
ppp 사이에 ＝＝＝ 를 부가.

[33] (하)　MUT : 첫번째 박자에 > 를 빠뜨림.

[35] (하)　INT : 첫번째 박자의 16분음표를 8분음표로
오기.

[37] [39]　ALP에 따라서 *poco sf*를 보완.
INT : [37] (하) 첫번째 박자의 저음부 B에 잘
못하여 상향 16분음표 꼬리를 추가. [39] 에서는
*poco sf*의 지시가 없음.

[41] ～ [45]　ALP에 따라서 [41], [45] 에 *sf*
＝＝＝ 를 보완, 원래 [43] (하)의 내성에 위치
하고 있던 ＝＝＝ 를 이것들과 맞추었다. 또,
[41] ～ [42] 에 이와 같은 곳과 맞추어 ＝＝＝
＝＝＝ 를 부가.

[45] ～ [48] (하)　4마디에 걸쳐 ＝＝＝ 가 모든 판에
서 2개로 분할되어 있다. 초판 [47] 에서 페이지
가 바뀌기 때문에 일어난 오류.

[49] (하)　INT : 첫번째 박자 앞의 c에 점을 빠뜨림.

[50]　ALP에 따라서 *ff*를 보완.

[51] (하)　INT : 첫번째 박자 앞의 c에 저음부 F와 공
통의 하향 점4분음표 기둥을 걸치지 않음(이 판
에서는 이하 이런 음형에서 모두 같음. 그러나
[229] 이후에서는 본서와 같다). 세번째 박자 fⁱ
에 원래 붙어 있던 스타카토를 삭제. INT는 이것
을 살려서 [57] [59] [61] 에 스타카토를 보완하
고 있으나 처리가 거꾸로 되어 있다.

[54]　이와 같은 곳 [100], [230] 에 맞추어 *ff*를 보완.
ALP는 더 하단에 *fff*.

[60]　*ff*를 삭제.

[60] (하)　MUT, INT : 이음줄을 빠뜨림.

[61] [65] (하)　MUT : 첫번째 박자 F에 잘못하여 상향
16분음표 꼬리를 걸침. c에는 4분음표 기둥을 빠
뜨림.

[62]　이와 같은 곳 [108] 에 맞추어 ＝＝＝ 를 보완.

[63]　ALP에 따라서 *sf*를 보완.

[65], [67]　ALP는 이들 마디에 *rit.*를 보완. INT도
[67] 에 이것을 붙였지만 용인하기 어렵다. 본서
에서는 이렇게 읽는 법을 배제하기 위해 여기에
in tempo의 지시를 부가했다([241], [243] 도 같
다).

[68] (상하)　MUT, INT : 이음줄을 빠뜨림.

[69]　이와 같은 곳 [75] 에 맞추어 ＝＝＝ 와 *bien
articulé* 지시를 보완.
INT : stesso tempo che prima를 L'istesso tempo
sempre로 바꾸어 하단에 *pp*를 부가(이것은 [81]
에서도 같음. 약간 자의적인 것이므로 교정자는
찬성할 수 없다).

[70] ～ [71] (상하)　MUT, INT : 마디선에 걸치는 이음
줄을 빠뜨림.

[73] (상)　MUT, INT : *ppp. céleste*의 표시가 너무 빨라
첫번째 박자 앞에 걸려 있다(이하 [79], [87],
[95] 등에서도 같다). INT에서 그 위에 첫번째
박자 앞부터의 보속음(F, fⁱ)에 *pp*를 부가. 또한
*pédale céleste*에서 약음 페달을 의미하는 것이므
로 이들 지시는 하단의 *2 Ped.*와 관련지어 읽을

수밖에 없다.

[73], [74] (하) MUT, INT : 두번째 박자 앞의 es²에
>를 빠뜨림.

[74] (하) ALP : 첫번째 박자 앞의 f'에 >를 보완하고,
이하 이 판은 전곡에 걸쳐 이 음형과 같이 부가
되어 있지만, 초판에는 [146], [150]에만 이것이
기재되어 있다. 이 2마디에 맞춘 것으로 생각되지
만 부적절하지 않을까 싶다. 교정자는 초판의 >를
[97]이나 [151]과 혼동하여 적어 넣은 것으로
판단하며, [146] [150]의 >를 본서에서는 삭제하
였다.

[75] INT : *bien articulé*의 지시를 빠뜨림.

[76] ~ [77] MUT, INT : 마디선을 잇는 ═══ 가
잘못되어 [77] 머리에서부터 시작하고 있다.

[81] INT, ALP : 첫번째 박자 앞에 *sf*가 있음. *rinf.*의
의미인지? 오해를 불러일으키기 쉽기 때문에 본
서에서는 언급하지 않는다. INT는 이곳의 지시
*plus sonore mais non f*의 *mais*까지를 빠뜨렸고,
ALP에서는 *plus sonore*와 *mais* 이하가 너무 떨어
져 있다.

[85] ~ [87] (상) ALP : *pressez un peu*와 au Mouv'. 지
시를 빠뜨림. INT에도 후자가 없음.

[87] (하) INT : 세번째 박자 앞의 b'을 des²로 오기.

[89] ~ [90] ALP에 따라서 *p* ═══════ 를 보
완.

[91], [95] (상) MUT, INT : 첫번째 박자 앞에 16분
쉼표를 빠뜨림.

[93] *poco più sf*의 위치가 판에 따라 각각이다. 여기서
는 *rinf.*의 의미로 취급할 것인가? INT에서는
*poco*가 빠져 있다.

[97] ALP는 첫번째 박자 앞에 *sf*를 보완. 이와 같은 곳
[151]에서는 하단 두번째 박자 앞에 *f*와 *Ped.*의
지시가 있어, ═══════ 도 꽤 늦게 시작하고 있다.
판단 근거가 부족하므로 여기서는 이 부분에 맞
추지 않고 초판대로 둔다.

[100], [102] (하) 이들 마디에는 8분음표마다 *Ped.* 지시
가 있었지만 이와 같은 곳에 맞추어 삭제했다.

[104] 원래 [106]에 있었던 *ff*를 여기에 옮김.

[105] 원래 [107]에 있었던 *fff*를 여기에 옮김.

[106] (하) MUT, INT : ══════ 를 빠뜨림.

[107] (하) 원래 첫번째 박자에 있었던 *fff*를 삭제.

[109] 이와 같은 곳에 맞추어 *sf* ═══════ 를 보완.

[109] (상) MUT, INT : 첫번째 박자 앞 d'에 붙여야 할
♭를 잘못하여 es'에 붙임.

[109] (하) INT : 첫번째 박자 앞 d'에 ♮을 빠뜨림.

[112] ALP에 따라서 *cresc.*를 보완.

[116] 원래 [118]에 놓여 있던 *ff*를 이곳으로 옮김.

[119] 원래 첫번째 박자에 놓여 있던 *fff*를 삭제.

[120] ALP에 따라서 *ff*를 보완.

[120] (하) INT : 세번째 박자의 겹음 es²-a²를 e²-a²로 오
기.

[123] (하) MUT, INT : 저음부 Fis'-Fis의 4분음표에 점
을 빠뜨림.

[124] (상) MUT, INT : 두번째 박자 앞 내성의 b'에 잘
못하여 ♮을 붙임.

[124] (하) INT : 2·3박자의 c², b'을 a', ges'으로 오기.

[124] ~ [126] MUT, INT : 각 마디의 ════, [126]
의 *sf*를 빠뜨림.

[127] MUT, INT : *fff*를 빠뜨림.

[127] (하) MUT : 두번째 박자 다음부터 세번째 박자
앞에 이음줄을 빠뜨림.

[134] ~ [136], [137] ~ [139] 이들 마디에 ALP에 따라서
════, ════ 를 보완.

[135] *ppp*를 보완. ALP에서는 이것을 *pppp*로 한다
([141]에도 같음).

[136] (상) 첫번째 박자 앞 내성에 모든 판이 불필요한
16분쉼표를 오기. ALP는 이것을 [142], [146],
[150]에 보완하고 있음.

[137] ALP : *poco più f*의 지시를 붙임. INT에서는 이것
을 *poco più* 만 쓰고 *f*를 빠뜨림.

[138] ~ [141] (하) MUT, INT : [137]부터 시작하여
[141] 첫번째 박자에서 끝나는 이음줄을 [138]
이후에서 빠뜨림.

[141] (상) INT : a tempo의 지시를 빠뜨림.

[141], [145], [149] MUT, INT : *ppp*의 위치가 너무 빨
라 첫번째 박자 앞에 와 있음. 또, INT는 [149]에
서 이것을 *pp*로 기입.

[143] ~ [144] ALP에 따라 ═══ ═══ 를 보완.

[145] (하) MUT : 저음부 d의 4분음표에 점을 빠뜨림.

[146], [150] (하) 원래 첫번째 박자 앞의 16분음표 d'에
붙였던 >를 삭제([74] (하) 참조).

[147] INT, ALP : 첫번째 박자에 *poco sf*.

[151] (하) ALP : 첫번째 박자부터 두번째 박자에
════ , 또 두번째 박자의 *f*를 *sf*로 한다.

[153] [155] 원래 [155]에 놓여 있던 *ff*를 [153]에 옮기
고, [153]의 *f*를 삭제.

[154] INT, ALP에 따라 *f*를 보완.

[154], [156] INT : *senza ped.*의 *senza*를 누락.

[157] (상) MUT, INT : 첫번째 박자의 셋잇단음 중 둘
째음 d'에 ♮을 빠뜨림.

[161] (하)　ALP : 첫번째 박자 저음부 e¹에 ♮을 빠뜨림.

[164] (하)　INT : 첫번째 박자 앞의 es¹에 하향 점4분음표 기둥이 걸려 있지 않음.

[165]　이곳부터 [189] 까지 사이의 강약 기호에 대해서는 ALP에 의한 부분이 적지 않으나 전면적으로 이 판에 따르는 것은 무리가 있으며, 특히 찬성할 수 없는 부분에 대해서는 [ ] 등에 의해 교정자의 견해를 명백히 했다.

[165] (상)　모든 판에서 첫번째 박자 앞의 쉼표 밑에 놓여 있는 *sf*는 *rinf.*의 의미밖에 없다.

[165] (하)　INT : 첫번째 박자 앞의 16분음표에 저음부와 공통의 하향 점4분음표 기둥을 걸치지 않고 있음. 이 판에서는 이렇게 시작하는 비슷한 음형을 전부 같은 모양으로 바꾸어 쓰고 있다.

[169] (하)　16분음표군에 이음줄을 보완하여 [170] (하)의 그것과 연결함.

[172]　원래 하단 최초의 4음에 걸려 있던 ══════ 를, 상단 1~3 박자에 관한 지시로 읽음([168] 참조).

[172] (하)　ALP : 붙임줄로 [171] 과 묶여졌던 저음부의 Des(본서에서는 Cis로 기보)의 점을 삭제하여 4분음표로 고치고 있음

[173]　INT, ALP : 첫번째 박자에 *ff*, 또 ALP는 하단 첫번째 박자 뒤에도 *ff*를 보완.

[173] (상)　여기에서 [181] (상)까지의 긴 이음줄([179], [180] 만이 1마디의 길이로, 다른 것은 전부 2마디)은 ALP에 의해 보완되었지만, 본서에서는 [177] ~ [178] 의 그것이 빠져 있음.

[173] (하)　INT : 내성으로의 지시 *en dehors*를 빠뜨림. ALP는 이것을 *marcato*로 바꿔 쓰고 있다.

[173] ~ [175] (하)　[173] 의 내성 첫번째 박자 뒤부터 [175] 의 첫부분까지 2마디의 프레이즈 이음줄은 ALP에 따라 [165] ~ [167] (상)에 맞추었다. [175] 이후, [189] 이후, 내지는 [213] 이후 등에서 MUT는 비슷한 프레이즈 이음줄을 걸치는 방법이 각각이고 일관성이 없다.

[174], [176] (하)　양 마디에 INT는 내성 첫번째 박자 앞에, ALP는 첫번째 박자 뒤에 각각 *sf*를 붙이고 있지만, 어느 것도 부적절하다. INT의 경우는 명확히 오기, ALP는 아마 이들 음(eses¹)이 실제 연주에 있어서 듣기 어려운 점을 고려하여 *sf*를 보완했던 것으로 생각되지만 어떻든 부자연스럽다.

[175]　INT, ALP : 첫번째 박자 앞에 *fff*.

[175] (하)　MUT, INT : 저음부의 점4분음표 Fes를 As로 오기.

　　INT : 내성 첫번째 박자 뒤에 *sf*를 붙임.

[176] (상)　MUT, INT : 첫번째 박자의 2개의 16분음표를 잇는 이음줄을 빠뜨림. 또, 세번째 박자 앞의 ges¹을 es¹으로 오기.

[176] (하)　MUT, ALP : 내성 세번째 박자 다음의 bb를 b로 오기(단, ALP에서는 이것을 ais에 기보하고 있어 이것을 a로 읽으려면 ♮이 필요하다).

[177]　ALP : 첫번째 박자 앞에 *fff*.

[177] (상)　MUT : 첫번째 박자 다음의 겹음 fes³에 ♭을 빠뜨림.

[177] (하)　INT, ALP : 내성 첫번째 박자 뒤에 *sf*.

[178] (하)　MUT, INT : 저음부 Es의 4분음표에 점을 빠뜨림.
　　ALP : 내성 첫번째 박자 뒤에 *sf*([174], [176] 의 항 참조)

[179] (상)　MUT, INT : 소프라노 첫째음 g¹에 ♮을 빠뜨림.

[180] (상)　MUT, INT : 두번째 박자 앞 겹음의 b²를 빠뜨림.

[181] (하)　MUT : 저음부 As의 4분음표에 점을 빠뜨림.
　　MUT, INT : 여기에서 [188] 까지의 2마디씩을 덮는 내성의 이음줄을 빠뜨림.

[182] (상)　MUT : 첫번째 박자 앞의 화음 중 as²와 ces³가 앞 마디부터의 붙임줄에 연결되지 않았다. 이 판에서는 [181] 과 [182] 의 사이에서 행이 바뀌고 있다.

[185] (상)　MUT, INT : 세번째 박자의 화음을 16분음표로 오기.

[185] (하)　INT : 첫번째 박자 저음부에 *ff*.
　　ALP 이외의 모든 판 : 두번째 박자 다음의 es¹을 ges¹으로 오기.

[189] (하)　ALP : *en dehors*를 *marcato*로 바꾸어 쓰고 있다. 또, 그 내성에 붙여야 할 ══════ 를 잘못하여 상단에 걸쳐 쓰고 있음.
　　INT, ALP : 내성 첫번째 박자 뒤에 *sf*.

[189] ~ [193] (상)　MUT, INT : [189] 첫번째 박자 뒤에서 시작하는 긴 이음줄 2개를 빠뜨림.

[191] (하)　INT, ALP : 저음부 As에 *sf*. 교정자는 [193] (하)의 Ges야말로 이 기호가 필요하다고 생각되지만 않 판에 없음.

[191] ~ [192] (하)　MUT, INT : ══════ 를 빠뜨림.

[193]　INT, ALP : 첫번째 박자에 *fff*. INT에서는 더욱이 첫번째 박자 뒤에 *sf*.

[193] ~ [196] (하)　MUT, INT : 16분음표군을 잇는 4마디 사이의 이음줄을 빠뜨림.

197 (상)　MUT, INT : 첫번째 박자 앞 화음의 a¹에 ♮을 빠뜨림.

197 ~ 198 , 201 ~ 202 　ALP에 따라서 ——— sf를 부가. 또 199 와 201 에도 ff를 보완.

197 , 201 (상)　ALP에 따라서 첫번째 박자 다음의 겹음에 >를 붙임.

198 , 202 (하)의 임시보표 : MUT에는 이들 마디에서 시작하는 붙임줄이 존재하지만 각각 다음 마디까지 이어지지 않고 있기 때문에 *laisser vibrer*의 이음줄처럼 보인다. INT는 이것을 완전히 잇고 있지만 ALP에서는 삭제하여 199 와 203 에 저음부 F에 sf를 붙여 치도록 하고 있다. 본서는 ALP에 따랐다.

203 ~ 204 　MUT, INT : ——— ——— 를 빠뜨림. MUT에는 하단의 이음줄을 빠뜨림.

204 (하)　MUT, INT : 보속음 es¹의 4분음표에 점을 빠뜨림.

205 　여기에서 212 까지의 강약 기호 및 이음줄에 대해서는 ALP를 참고했다.

205 (하)　MUT, INT : 첫번째 박자 뒤부터 두번째 박자 뒤까지의 이음줄을 빠뜨림. 또, 세번째 박자 앞의 16분음표 des에 Des와 공통의 하향 8분음표 꼬리가 없다(이하 212 까지의 비슷한 마디에서도 같음). 더욱이 이 des부터 다음 마디의 마지막까지 16분음표군을 덮은 이음줄을 빠뜨림(207 이하 6마디의 같은 음형에서도 같다).

207 (상)　MUT에는  (첫박자 앞의 16분은 논외), ALP가 이것을 211 과 맞추어  로 정정하고 있어 지금은 그냥 이것에 따르지만, 이 아티큘레이션도 조금 부자연스럽고 의문이 남는다. INT는 두번째 박자 앞에 sf를 부가하고 있지만 찬성할 수 없다. 교정자 개인으로서는 207 , 211 과 같이 209 내지는 205 에 맞추는 편이 자연스럽다고 생각되지만 판단 자료가 충분하지 않다.

209 (상)　INT : 세번째 박자의 화음을 16분으로 잘못 표기했다.

209 (하)　INT : 세번째 박자의 des에 붙어야 할 붙임줄을 빠뜨리고, 이것과 다음의 g 사이에 불필요한 이음줄이 있다.

210 ~ 211 , 212 ~ 213 (상)　MUT, INT : 210 과 212 의 세번째 박자 뒤부터 다음까지 이음줄을 각각 빠뜨리고 있다.

212 (하)　MUT : 두번째 박자 앞의 e¹ 앞에 높은음자리표가 빠져 있다.

213 　INT, ALP : 첫번째 박자 다음의 p를 mf로 바꾸고 있다. ALP는 여기에서 228 까지 상단 기둥의 표기 방법을 바꾸어 2성으로 일관하고 있다.

213 (상)　MUT, INT : 첫번째 박자 뒤부터 두번째 박자 뒤까지의 이음줄을 빠뜨림.
　INT : 세번째 박자 내성의 2음을 이음줄로 연결.

213 (하)　INT : 세번째 박자 저음부에 sf.

214 (하)　MUT : 첫번째 박자 앞 내성의 f¹이 213 부터의 붙임줄과 연결되어 있지 않다.

214 ~ 215 (하)　MUT, INT : 양 마디를 잇는 내성의 이음줄을 빠뜨림(216 ~ 217 에서도 같다).

215 (상)　소프라노 첫번째 박자 앞에 ALP에 따라서 >을 부가했다. INT는 여기의 g²부터 as²로의 이음줄을 es³부터 as²로 바꾸어 쓰고 있다. 세번째 박자 앞 내성 f¹부터 다음 마디의 이음줄은 MUT에서는 시작 부분이 확실하지 않다. INT에서는 다음의 ges¹에서 시작하고 있지만 본서에서는 ALP에 따랐다.

215 , 219 (하)　MUT : 내성 첫번째 박자 뒤부터 세번째 박자까지의 이음줄을 빠뜨림.

217 (상)　첫번째, 두번째 박자의 f¹, g¹, g²의 3개 음표에 하향 기둥을 첨가한다.

219 (상)　MUT : 첫번째 박자 앞의 d²는 ♮을 빠뜨림. INT : 두번째 박자 소프라노 8분음표 es³를 16분음표로 쓰고 있다.

220 (하)　원래 첫번째 박자 앞 내성의 b에 붙어 있던 >를 삭제한다.

221 　ALP : 첫번째 박자 다음의 p (상), f (하)를 삭제하고, 보표 중앙에 mf를 놓고 있다.
　이곳부터 228 까지 초판에서는 강약 기호와 이음줄의 누락이 많이 눈에 띈다. 이 부분은 가장 정확한 ALP에 따라 이것을 보완한다.

221 (상)　MUT, INT : 2박자 뒤의 16분음표 c¹을 8분음표로 오기.

222 (하)　원래 내성에 곁들여져 있던 *en dehors*의 지시를 221 (하)로 옮긴다. INT, ALP 둘 다 이 지시를 빠뜨림.

223 　INT, ALP에 따라서 p를 보완한다.

223 (상)　MUT, INT : 첫번째 박자 앞의 16분음표 c를 빠뜨림.

224 (하)　MUT : 세번째 박자 다음의 16분음표를 8분음표로 오기했다.

227 (상)　MUT : 첫번째 박자 앞의 a에 ♮을 빠뜨림.
ALP : 두번째 박자 다음의 as에 ♭을 빠뜨림. 또, *chanté*의 지시가 없다.
MUT, INT : 세번째 박자의 ges에 des와 공통의 16분음표 꼬리를 붙이고, 하향 8분음표의 꼬리가 없다.

234　이와 같은 곳에 맞추어서 *ff*와 하단에 ───── 를 보완한다.

234 (하)　이와 같은 곳에 맞추어서 원래 첫번째 박자에 기입되어 있던 *Ped.* 지시를 삭제(236 (하)에서도 같다)한다.

238 , 239 　이와 같은 곳에 맞추어서 *sf* ───── 를 보완한다.

241 ～ 244 　 65 ～ 68 참조. 242 (상하)와 244 (하)의 같은 곳에 맞추어서 이음줄을 보완한다.

245 ～ 249 　이 사이의 음형 𝆑 에 걸리는 ───── 와 >가 여기저기서 탈락되었기 때문에 ALP에 따라 이것을 보완했다(이하 254 ～ 256 , 260 ～ 262 , 281 ～ 289 등에서도 이와 같이 처리한 부분이 있다).

247 (하)　MUT : 세번째 박자 f의 붙임줄을 빠뜨림.

250 (하)　원래 이곳에 기입되어 있던 저음부 f의 점4분음표를 임시보표로 옮긴다(여러 판에서는 다음의 251 부터 본서와 같다).

253 (상)　INT : *commencez……retenu.*의 지시를 *poco rit. e accel. poco a poco*로 바꾸어 쓰고 있다.

253 (하)　첫번째 박자 앞의 16분음표 B에 B₁과 공통의 4분음표 기둥을 부가한다.

253 ～ 256 (하)　이 사이의 내성에 붙여진 아티큘레이션·이음줄은 ALP에 따랐다.

254 (하)　내성 네번째 16분음표 b에 하향 16분음표 꼬리를 부가한다. 계속해서 세번째 박자의 8분음표 b부터 다음까지 붙임줄을 MUT, INT는 생략하고 있다.

255 ～ 256 (하)　MUT : B₁의 붙임줄과 b의 붙임줄을 혼동하고 있다. 또, INT는 이 B₁에 붙여야 할 낮은음자리표를 실수로 b에 붙이고 있다. 본서에서는 이러한 오해를 방지하기 위해 B₁을 임시보표로 옮긴다.

256 (하)　MUT : 첫번째 박자 b의 8분음표에 점을 빠뜨림.
MUT, INT : 내성 세번째 박자 앞의 c¹에 붙여야 할 >을 실수로 다음의 es¹에 붙였다.

257 (하)　MUT, INT : 16분음표군에 이음줄이 없음.

258 (하)　원래 첫번째 박자 앞에 기입했던 *Ped.* ✳ 를 삭제했다.

259 　ALP : 첫번째 박자 뒤에 *poco sf.*

260 (하)　원래 [악보] 로 쓰여 있었지만, ALP에 따라서 261 (하)에 맞추어 이것을 바꾸어 썼다. 또, 259 세번째 박자에서 ces²의 붙임줄을 삭제했다.

261 ～ 263 (상)　MUT, INT : 259 에 시작하여 263 에서 끝나는 이음줄이 없다. 본서와 같이 261 에서 페이지가 바뀌어 발생한 실수이다.

262 (상)　INT : *calando* 지시를 빠뜨림.

263 , 264 (상)　MUT, INT : 이음줄을 빠뜨림.

265 　여기에서 280 까지 초판에는 *pppp*의 지시를 제외하면 거의 강약기호가 기입되지 않았다. ALP에 따라 이것을 보완하였지만, 의문이 있는 부분에는 [ ]로 교정자의 의견을 구별했다.

265 ～ 266 (상하)　MUT, INT : 265 마지막 16분음표에서 시작하여 266 끝에서 끝나는 이음줄을 빠뜨림(이하 277 ～ 278 의 하단을 제외하고 비슷한 음형은 전부 마찬가지임).

266 (상)　MUT, INT : 첫번째 박자의 점4분음표의 화음 ces³를 b²로 오기.

267 268 (하)　MUT, INT : 16분음표군에 이음줄을 빠뜨림(이하 276 까지의 비슷한 마디에서도 전부 같다. 또, 279 와 280 에서는 두번째의 이음줄을 빠뜨림).

269 (상)　MUT : 첫번째 박자 앞의 32분음표를 16분음표로 오기했다.

271 (하)　ALP : 첫번째 박자 다음의 *f*를 *sf*로 바꿈.

273 　ALP : 첫번째 박자에 *mf.* 계속해서 *con anima*의 지시를 붙였다.

273 (하)　원래 첫번째 박자 다음의 b¹에 붙어 있던 >를 삭제했다. 이곳부터의 셋째음에 ───── 를 보완한다. INT는 이 >에 곁들여서 *sf*를 보완하였지만 용인하기 어렵다.

274 (상)　ALP : 앞 마디에서 붙임줄로 묶은 점4분음표의 화음에 es³를 빠뜨림. 두번째 박자 다음의 화음 밑에 기입되었던 손가락 번호 3은 명백히 2의 오기.

275 (하)　ALP : 두번째 박자 다음의 16분음표 ces²에 ♭이 누락.

277 (상)　MUT, INT : 첫번째 박자 앞의 32분음표를 16분음표로 오기. 또, 275 에서 시작하여 이음에서 끝나는 이음줄의 꼬리 부분이 없다.

277 (하)　모든 판에서 첫번째 박자의 Ges - ges의 4

분음표에 불필요한 점이 있다.

277 ~ 278 (하) ALP 이외의 모든 판 : 양 마디를 잇는 fes의 붙임줄을 빠뜨림.

279 INT : *dolce*의 지시를 빠뜨림.

279 (상) MUT, INT : 두번째 박자 앞 화음의 fes²에 ♭을 빠뜨림.

281 INT, ALP : 첫번째 박자 앞에 *mf*.

281 ~ 285 (상) MUT, INT : 위쪽 5마디 사이를 덮는 이음줄을 빠뜨림.

284 (상) ALP는 첫번째 박자 뒤부터 두번째 박자에, 세번째 박자 뒤부터 다음 마디에 각각 ━━ 를 붙이고 있지만 부적절하다.

285 (중) MUT : 마디 마지막 16분음표 B의 붙임줄을 빠뜨림.

286 , 287 (하) ALP : 양 마디의 저음부를 위한 *dim.*를 빠뜨림.

288 (하) INT : 저음부 첫번째 박자 다음의 16분쉼표를 빠뜨림.

289 (상) ALP : 이 판에 쓰인 대로( )라면, 세번째 박자 앞의 쉼표는 8분이 아니라 16분쉼표여야 한다.

289 ~ 290 (하) INT : *ppp*로 시작하는 지시의 마지막 sombrement를 실수로 295 (상)의 위쪽에 두고 있다.

289 ~ 295 (상) 이 사이의 각 음군에 ALP에 따라서 ━━ 를 부가한다.

291 , 293 , 295 (상) ALP : 각 마디의 첫번째 박자 다음의 d에 >을 붙이고 있다.

291 ~ 293 (하) MUT, INT : 이 사이를 잇는 아래쪽의 긴 이음줄을 빠뜨림.

294 (상) INT, ALP : 두번째 박자 다음의 f－ges 겹음에 *poco sf*.

294 (하) ALP : 세번째 박자 다음의 A부터 다음 마디의 첫째음 B에 ━━ 가 붙어 있지만 찬성할 수 없다.

295 (상) INT, ALP : 세번째 박자 다음의 bb에 *poco sf*.

295 ~ 296 ALP에 따라서 295 (하)에 ━━ , 296 에 ━━ 를 보완한다. 또, ALP, INT 모두 296 (하)의 첫번째 박자 앞에 *sf*를 붙인 것이 약간 과장된 것으로 보인다.

297 299 (하) ALP : 첫번째 박자 앞에만 *Ped. ＊*.

299 (하) INT : *Ped.* 지시를 빠뜨림.

300 (상) MUT, INT : 각 박자에 *sec* 지시를 빠뜨림.

301 ALP : 첫번째 박자에 *mf*.

301 303 (하) ALP에 따라서 ━━ 를 보완.

302 첫번째 박자에 *sf*를 보완한다. INT, ALP에서는 이것을 *f*로 한다. MUT는 ━━ 가 없다.

302 304 (상) MUT, INT : 이음줄이 없다. MUT에서는 302 (하)에서도 같다.

303 ALP : 첫번째 박자에 *f*.

305 INT : 첫번째 박자에 *mf*.
ALP : 첫번째 박자에 *pp*. 하단 아래쪽에 *senza ped. senza ritard.*

312 INT : 상단 위쪽에 *brusquement*의 지시가 없다.
ALP : 세번째 박자에 *sec*.

제2곡 〈엘 폴로〉

자필보에 1906년 12월 16일, 니스.

이 곡의 ALP에는 초판에서 볼 수 없는 많은 강약기호가 기재되어 있어 악보가 약간 이상한 양상을 보인다. 예를 들면 약 200여 곳에 >가 붙은 음표에 겹쳐 *sf*를 보강하고 있다. 234 ~ 242 의 사이에 16개의 *fff*, 또, 329 ~ 340 에는 18개의 *pp*가 붙어 있어, 기호가 부가되지 않은 음표는 이 부분에는 전혀 없는 것 같다. 이것은 일종의 인플레이션, 지장은 없으나 기호의 효력은 저하되고 있다. 만일 이들 기호가 자필보에 유래하는 것이라고 하여도 초판 출판 때에는 디노미네이션이 행해져 대부분이 삭제되었을 것이다. MUT에서는 이것과는 반대로 기호가 너무 적다.

본서에서는 ALP가 지나치게 많이 써 넣은 것에 관하여 지면 관계상 일일이 언급하지 않았다. 스타카토나 > 등의 탈락, 보완에 대해서도 너무 많기 때문에 지적하지 않았다.

서두 표시. 모든 판에 보이는 melancolico를 malinconico로 고쳐 썼다(El Albaicín의 서두 표시 참조).

1 MUT에서는 *mordant*의 지시가 어느 음에 걸리는지 명확하지 않다. 또, INT, ALP는 원래 이 단어 뒤에 놓여 있던 *poco*를 삭제하고 있다. 본서도 여기에 따랐다.

2 INT, ALP에 따라서 *poco sf*를 보완(4 에서도 같음).

2 (상) MUT, INT : des¹의 붙임줄을 빠뜨림.

2 (하) MUT : 세번째 박자 뒤에 16분쉼표가 없다.

6 (상) MUT, INT : 세번째 박자에 des¹이 없고, 두번째 박자의 des¹과 이것을 맺는 붙임줄도 없다.

13 (하) ALP에 따라서 *sensa ped.* 지시를 부가한다.

17 ～ 28 이 사이의 ══════ , ══════ 의 보완은 ALP에 의한다. 단, 이 판 20 의 ══════ 에 대해서는 용인하기 어렵고, 본서에서는 ══════ 로 한다.

20 ～ 21 (상) MUT, INT : 이음줄이 없다.

25 (상) MUT, INT : 첫번째 박자 앞의 16분음표를 8분음표로 오기.

26 (상) MUT, INT : des¹ – b¹에 2개의 붙임줄이 없고, 세번째 박자에 실수로 스타카토가 붙어 있다.

27 ～ 28 (하) MUT, INT : 내성에 이음줄이 없다.

28 INT, ALP : 두번째 박자에 > 대신에 *sf*(양 판의 *sf* 부가는 앞에서 설명한 바와 같이 너무 많아, 특별한 경우가 아닌 한 이하 언급하지 않았다).

30 (하) 원래 첫번째 박자에 기입되었던 *Ped.* 지시를 삭제했다.

32 INT, ALP : 두번째 박자에 *pp*(INT에서는 36 에서도 같다).

34 (하) MUT, INT : 내성 첫번째 박자의 8분음표 d를 16분음표로 오기.

35 39 에 맞추어 *sf* ══════ 를 보완(43 에서도 같다).

35 , 39 (하) 세번째 박자의 내성 c는 원래 8분음표였으나 상단과 맞추어 이것을 16분음표로 한 후, 그 뒤에 16분쉼표를 보완했다.

39 (상) MUT : 세번째 박자의 16분음표를 8분음표로 오기했다.

40 ～ 41 상단의 이음줄과 ══════ 를 ALP에 따라서 보완했다.

41 INT : 첫번째 박자에 *pp*, ALP : 두번째 박자에 *pp*.

44 ～ 46 (하) ALP : 아래쪽에 ══════ 2개를 부가하고 있다.

47 (하) MUT, INT : 두번째 박자 e에 ♮을 빠뜨림.

48 ～ 49 (하) ALP에 따라서 이음줄을 보완했다.

49 (하) MUT, INT : 첫번째 박자 내성의 c에 F와 공통된 4분음표 기둥이 없다.

51 55 56 60 68 이들 마디의 ══════ , ══════ 는 ALP에 따라서 보완했다.

52 (하) MUT : 내성 첫번째 박자 앞의 16분음표 g¹을 8분음표로 오기. 또, 두번째 박자부터 53 첫번째 박자까지의 이음줄을 빠뜨림.

55 (하) MUT : 내성 첫번째 박자 앞의 16분음표 c 를 8분음표로 오기. INT에서는 이곳의 16분쉼표를 삭제하고 첫번째 박자의 8분음표를 살리고 있다.

60 ～ 62 (하) MUT, INT : 각 *sf* 위치가 부정확하다.

64 (상) MUT : 두번째 박자 앞 16분음표를 8분음표로 오기.

69 (상) MUT, INT : 세번째 박자 앞 겹음 f¹을 빠뜨림.

69 ～ 70 (상) MUT, INT : 69 에서 시작하여 70 첫번째 박자 뒤까지의 ══════ 가, 단을 바꾸기 위해 70 부터 다시 ══════ 로 오기되어 2개로 분할되었다. ALP는 70 전반의 ══════ 를 삭제하고, 첫번째 박자 앞에서 ══════ 로 바꾸고 썼는데 찬성할 수 없다.

70 (하) MUT : 저음부 C의 덧줄이 한 줄 부족하다. INT는 이것을 잘못 읽어 Es에 기입했다. MUT에는 이곳에 69 C부터의 붙임줄이 연결되지 않았다.

71 ～ 72 ALP에 따라서 *ppp* ══════ 를 보완했다.

73 ～ 74 (상) MUT, INT : ══════ ══════ 를 빠뜨림.

79 (상) MUT, INT : 첫번째 박자 다음의 화음 중 H에 붙여야 할 ♮을 실수로 c에 붙이고 있다 (INT에서는 261 에서도 같다).

79 (하) ALP에 따라서 *senza ped.* 지시를 부가(261 에서도 같다).

81 (상) INT, ALP : 이곳에 *senza rit.*로 지시.

82 ALP : 지시 *élargir*를 빠뜨리고 *con anima*로 했다(264 에서도 같다).

83 (하) MUT : 화음에 점을 빠뜨림.

84 MUT : 상단 세번째 박자 앞 16분음표를 4분음표로 오기. 또 이곳 하단에 ⌢ 를 빠뜨림.

85 (하) MUT, INT : 두번째 박자 ges에 ♭을 빠뜨림.

88 (상) MUT, INT : 화음 h에 붙어야 할 ♮이 c¹에 붙어 있다. 또. *f*의 붙임줄을 빠뜨림.

90 (상) MUT, INT : g의 붙임줄 및 세번째 박자 다음의 16분쉼표를 빠뜨림. MUT에서는 세번째 박자 앞 16분음표를 8분음표로 오기.

90 (하) 이 판에서는 as를 상단에 놓고 있는데, 여기에 붙임줄을 빠뜨림.

MUT, INT : des의 붙임줄을 빠뜨림.

91 (하) MUT : 세번째 박자의 8분쉼표를 4분쉼표

로 오기.

[95] ~ [96] (하) MUT : 내성에 이음줄을 빠뜨림.
ALP에 따라서 ——————————— 를 부가했다.

[96] (상) INT : 두번째 박자의 겹음 des¹을 es¹으로
오기. MUT에도 이 기보가 약간 부정확하다.

[99] (상) MUT : 두번째 박자의 겹음 e에 ♮ 대신에
실수로 ♯을 붙였다.

[99] (하) MUT : 저음부 4분음표 C에 점을 빠뜨림.

[100] (하) MUT, INT : 첫번째 박자와 두번째 박자
사이에 높은음자리표가 없다.

[103] (하) MUT, INT : 내성 두번째 박자에 8분쉼표
를 빠뜨리고, MUT에서는 세번째 박자 저음부
에서도 이것을 빠뜨림.

[104] (상) MUT : 두번째 박자 내성의 16분음표 겹음
을 8분음표로 오기. INT, ALP는 이어지는 16분
쉼표를 삭제하고 이것을 8분음표로 처리했지
만, 거꾸로 되어 있다.

[104] (하) MUT : 내성 첫번째 박자의 8분쉼표 및 세
번째 박자 다음의 16분쉼표를 빠뜨림(후자는
INT에서도 같다).

[106] (하) MUT, INT : 내성 첫번째 박자의 8분쉼표
를 빠뜨림.

[108] (하) MUT : 첫번째 박자의 내성과 두번째 박자
저음부에 각각 8분쉼표를 빠뜨림([110] 에서도
같다).
MUT, INT : 두번째 박자의 겹음 d¹에 ♮이 없
다.

[109] (상) MUT, INT : 세번째 박자의 8분음표를 16
분음표와 16분쉼표로 오기.

[111] 원래 a tempo Ⅰ.라고 지시되어 있지만, 첫머리
에서 여기까지의 기본 템포가 변경되어 있지
않기 때문에 이것을 [293] 에 맞추어 a tempo로
고쳤다. 이곳부터 4마디에 걸친 —————— 와,
[115] 부터 3마디 ══════ 는, 전곡에 걸쳐 비슷
한 곳에서 각 판에 따라 누락되기도 하는 등 부
정확한 기보가 많다. 본서에서는 몇몇 부분에서
예외는 있지만 이것을 통일시키려고 노력했다.
첫번째 박자 *poco sf*는 하단 프레이즈의 시작을
확실히 하기 위한 것인지, 상단에 걸쳐진 것인
지, 혹은 그 모두를 의미하는 것인지 불분명하
다([119] 에서도 같다).

[112] (상) MUT, INT : 두번째 박자의 작은음표 d¹에
실수로 ♭이 붙어 있다. 또, 두번째 박자에서 세
번째 박자까지의 이음줄을 빠뜨림.

[112] (하) ALP : 내성에 ══════ 를 보완하고 있다

(이 판에서 이와 비슷한 음형은 항상 같다).

[113] (하) ALP에 따라서 두번째 박자 c¹에 상향 4분
음표 기둥을 붙이고, g에서 다음 마디 fes까지
이음줄을 보완했다.

[114] , [122] (하) 첫번째 박자 앞 겹음 as에 상향 16
분음표 꼬리를 보완했다.

[116] (상) MUT, INT : fes에 붙임줄이 없다.

[120] (상) MUT, INT : 두번째 박자에서 세번째 박자
에 이음줄이 없다.

[120] (하) MUT, INT : 세번째 박자 16분음표를 8분
음표로 오기. 또, 다음의 16분쉼표를 빠뜨림.

[122] (하) MUT : 첫번째 박자 16분음표를 8분음표로
오기.

[124] (하) MUT, INT : 두번째 박자 des¹에서 세번째
박자 es에 이음줄이 없다.

[125] (하) MUT, INT : 세번째 박자 16분음표를 8분
음표로 오기. 이어지는 16분쉼표가 없다.

[126] (상) MUT, INT : 세번째 박자 앞 ges에 ♭이 없
다.

[127] MUT, INT : 여기에서 시작하는 ══════ 의 서
두 부분이 없다. 초판에서 이곳부터 페이지가
바뀌기 때문에 발생한 오류이다.

[127] (상) INT, ALP : *sempre un poco rubato*로 지시.

[128] (상) MUT, INT : 세번째 박자 겹음의 ges에 ♭을
빠뜨림.

[130] (상) ALP : 세번째 박자 des¹의 16분음표 및 이
것을 두번째 박자와 묶는 붙임줄을 빠뜨림.

[131] ~ [132] (상) ALP에서는 [131] 세번째 박자 f를
g(즉 fisis)로 하고 있는데, 이 판은 [127] 부터
조표를 gis – moll로 바꾸어 쓰고 있으므로, 그
때문에 발생한 잘못이라고 생각된다([139]
~ [140] 에서도 같으며, ALP에서 이것들은 하
단에 놓여져 있다).

[132] (하) MUT, INT : 세번째 박자 앞 화음에 최저
음 es가 없다.

[133] (하) MUT, INT : 첫번째 박자 As를 c로 오기.

[143] , [152] (하) MUT : 아래쪽에 이음줄이 없다.

[145] (하) MUT, INT : 첫번째 작은음표 fes¹에 ♭을
빠뜨림([149] (하)에서도 INT에는 이것이 없고
MUT에서는 불분명하다).

[146] (하) MUT : 세번째 박자의 16분음표 As를 8분
음표로 오기.

[148] (상) MUT : 첫번째 박자 앞의 16분음표를 8분
음표로 오기. INT도 같지만 다음 16분쉼표를
삭제하고 8분음표를 살리고 있다.

149 (하)　MUT : 두번째 박자부터 세번째 박자로의 이음줄이 없다.

150 (상)　MUT, ALP : 첫번째 박자의 화음 h에 붙여야 할 ♭을 실수로 c에 붙이고 있다. ALP의 기보에서 첫번째 박자는 gis – aisis – his이어야 한다(=as – b – c¹). 조표를 불협화음으로 바꾸어 쓰는 과정에서 발생한 실수로 생각된다. ALP에서 이 음은 하단에 놓여져 있다.

150 (하)　MUT : 두번째 박자 겹음에 덧줄이 한 줄 부족하다.

151 (하)　MUT : 두번째 박자부터 세번째 박자로 이어지는 이음줄을 빠뜨림.

157 (하)　MUT : 첫번째 박자 다음의 16분쉼표를 빠뜨림.

158 (상)　MUT, INT : 첫번째 박자 화음 h에 붙여야 할 ♮이 실수로 c¹에 있다.

159 (하)　MUT, INT : 세번째 박자 내성의 8분음표 fes¹을 16분음표로 오기. 또한 INT는 다음에 16분쉼표를 보완하고 있다.

159 ~ 160 (하)　내성의 이음줄은 ALP에 따랐다(167 ~ 168 (하)에서도 같다).

160 임시보표　MUT, INT : 점이 없다.

161 (상)　MUT, INT : 첫번째 박자 화음의 ges²에 붙여야 할 ♭을 실수로 as²에 붙이고, ges³에는 ♭을 빠뜨림. 원래 여기에 놓여 있던 f ══════ 를 sf ══════ 로 읽는다(마찬가지로 원래 하단 두번째 박자 f도 sf의 의미로 해석했다).

162 (상)　MUT, INT : 두번째 박자 화음의 ges²에 붙여야 할 ♭을 실수로 as²에 붙이고 있다.

163 (하) ALP : 첫번째 박자 Es(이 판에서는 Dis)의 8분음표에 여분의 점이 있다.

166 (상)　MUT, INT : 세번째 박자의 화음 ges¹에 ♭을 빠뜨림.

167 (하)　ALP : 세번째 박자 8분음표를 실수로 16분음표와 16분쉼표로 기입.

172 (상)　MUT, INT : 두번째 박자 화음 bb²에 붙여야 할 ♭♭을 실수로 des³에 붙였다. ALP는 조표를 ♯ 5개로 바꾸어 쓰고 있지만, 역시 a²에 붙여야 할 ♮을 실수로 cis³에 붙이고 있다.

172 (하)　MUT, INT : 두번째 박자의 화음 ces²에 붙임줄이 없다.

177　MUT, INT : 세번째 박자부터 다음 마디 ══════ 의 서두 부분이 없다.

178　ALP : 앞 마디의 끝에서 시작될 ══════ 가 이 마디에서 시작하고 있다.

178 임시보표　원래 첫번째 박자에 기입되었던 *Ped.* 지시를 삭제하고, 세번째 박자의 *Ped.*을 두번째 박자로 옮겼다.

180 (상)　INT : 두번째 박자의 겹음 deses¹에 ♭♭을 빠뜨림.

180 (하)　MUT, INT : 저음부 4분음표 Ces에 점이 없다.

187 (하)　INT : 첫번째 박자에서 두번째 박자까지 불필요한 이음줄을 붙였다.

188 (하)　MUT, INT : 두번째 박자 저음부 8분쉼표를 빠뜨렸고, 세번째 박자 뒤 내성을 위한 16분쉼표를 실수로 저음부에 놓았다.
　　　　MUT : 세번째 박자 저음부 d에 ♮을 빠뜨림.

193 , 195 , 197 (하)　MUT : 첫번째 박자 내성의 8분쉼표를 빠뜨림(197 에서는 INT도 같다).

197 (하)　MUT, INT : 두번째 박자의 겹음 d¹에 ♮을 빠뜨림.

200 (하)　MUT : 저음부 D에 ♮을 빠뜨림.

201 (하)　원래 202 첫번째 박자에 기입되었던 *Ped.* 지시를 201 세번째 박자로 옮겼다(203 세번째 박자의 지시도 원래 204 첫번째 박자에 놓여져 있었다).

201 ~ 202 (하)　INT : 201 세번째 박자 겹음의 b에서 다음으로의 붙임줄이 없다.

202 (상)　INT : 두번째 박자 화음 d¹에 붙여야 할 ♮을 실수로 c¹에 붙이고 있다.

202 (하)　모든 판에서 두번째 박자에서 세번째 박자로 이어진 이음줄이 없다.

203 ~ 204 (하)　MUT : 마디를 걸치는 f¹에 붙임줄이 없다.

204 (하)　원래 세번째 박자에 기입된 f를 임시보표로 옮겼다.

206 (하)　MUT, INT : 첫번째 박자와 두번째 박자 사이에 높은음자리표가 없다.

207 , 215 (하)　INT : 첫번째 박자 c¹에서 시작될 이음줄이 실수로 두번째 박자부터 시작되었다.

209 (하)　MUT, INT : 두번째 박자 겹음 e¹에 붙여야 할 ♮을 실수로 f¹에 붙이고 있다(MUT는 211 (하)에서도 그 위치가 애매하다).

210 (하)　MUT : 두번째 박자 f¹에 덧줄이 한 줄 부족하다. INT는 이것을 d¹으로 오기했다.

211 (하)　MUT : 첫번째 박자와 두번째 박자 사이에 높은음자리표가 없다(213 (하)에서도 같다).

212 (상)　MUT : 첫번째 박자 다음의 16분쉼표를 빠뜨림.

214 (상)　MUT : 두번째 박자부터 세번째 박자 d¹에 붙임줄이 없다.

217 (상)　MUT, INT : 첫번째 박자에 붙는 작은음표의 둘째음 as¹에 ♭을 빠뜨림.

218 (상)　MUT, INT : 첫번째 박자 앞 16분음표를 4분음표로 오기.

219 　ALP : 상하 양단의 두번째 박자부터 세번째 박자에 이음줄이 없다.

219 (하)　MUT : 첫번째 박자와 두번째 박자 사이에 높은음자리표가 없고, 두번째 박자부터 세번째 박자에 이음줄이 없다.

221 (하)　원래 세번째 박자에 기입되어 있던 *Ped.* 지시를 두번째 박자로 옮겼다.

222 (하)　MUT, INT : 두번째 박자의 저음부 as를 실수로 첫번째 박자에 썼다.

224 (상)　MUT, INT : 두번째 박자 es²부터 세번째 박자 e²에 이음줄이 없다. INT는 이 e²에 ♮을 빠뜨림.

227 임시보표　MUT : 4분음표에 점이 없다.

228 　원래 두번째 박자에 붙은 *ff*를 229 첫번째 박자에 옮겼다.

228 (중)　MUT, INT : 227 에서 시작하는 ――― 를 이어받지 않았다. 본서에서는 ALP에 따라서 다음 229 ～ 230 에도 동일하게 ――― 를 보완했다.

228 (하)　MUT : 옥타브 위의 음 H가 붙임줄로 연결되지 않았다.

229 (상)　MUT, INT : 세번째 박자의 화음 b² – c³ – b³를 as² – b² – g³로 오기.

240 (상)　ALP : 이 판에서는 두번째 박자의 화음 중 h¹을 하단에 두고 있는데, 이것에 붙여야 할 ♮을 실수로 as¹에 붙이고 있다.

240 (하)　MUT : 첫번째 박자와 두번째 박자 사이에 높은음자리표가 없다.

246 (상)　MUT : c¹에 붙임줄이 없다.

249 　INT, ALP는 첫번째 박자에 *ff*를 보완하고 있는데 후속 마디에 *f, ff*가 있는 것으로 보아 249 ～ 250 에 *crese.*가 내재한다고 판단하여, 양판의 부가는 부적절하다고 생각되므로 여기에 *mf* 를 보완했다.

249 (하)　MUT : 두번째 박자부터 세번째 박자에 이음줄이 없다.

251 ～ 252 　원래 양 마디에 각각 ――― 가 기입되어 있었지만, 지금은 대신에 ALP에 따라서 이것을 한 줄의 ――― 로 해석. 그러나 이곳

과 동일한 곳에서 볼 때 이곳 기보에는 무언가 실수가 있는 것이 아닌가 하는 의문을 지울 수가 없다.

252 (하)　MUT : 저음부 C에 실수로 상향 16분음표 꼬리가 붙어 있다.

255 ～ 256 (상)　MUT : 이음줄이 없다.

264 (상)　INT : *élargir* 지시를 삭제. 82 의 교정 보고 참조.

277 ～ 278 　ALP에 따라서 ――― 및 ――― 를 보완했다.

278 ～ 279 　INT, ALP : 양 마디 두번째 박자에 *sf* 를 부가하고 있다.

280 (하)　MUT, INT : 내성 첫번째 박자 뒤에 16분 쉼표를 빠뜨림. 또, 세번째 박자부터 281 시작 부분까지의 c¹에 붙임줄이 없다.

282 　INT, ALP에 따라서 두번째 박자에 *p*를 보완했다.

284 (하)　MUT : 세번째 박자의 겹음 e¹에 붙여야 할 ♮의 위치가 애매하다.

289 (상)　MUT, INT : 세번째 박자 8분음표를 16분음표로 오기했다.

290 (상)　MUT : 두번째 박자와 세번째 박자를 연결하는 붙임줄 3개가 없다.

290 (하)　MUT : 첫번째 박자와 두번째 박자 사이에 이 판의 기보에서는 높은음자리표가 필요하다. 이 마디의 오리지널 기보는 오해를 불러 일으키기 쉽기 때문에 본서에서는 이 마디 전체를 낮은음자리표로 고쳤다 (292 (하)에도 같다).

292 (하)　MUT, INT : 세번째 박자의 저음부 C를 As₁으로 오기했다.

294 (상)　ALP에 따라서 302 와 맞추어 세번째 박자 앞에 c를 보완했다. 이것을 두번째 박자 e와 이음줄로 묶었다.

295 (하)　MUT : 첫번째 박자 내성의 8분쉼표를 빠뜨림 (303 에서도 같다).

295 ～ 296 (하)　MUT, INT : 아래쪽 이음줄이 없다. 또, 296 첫번째 박자 앞 des – f에 공통의 16분음표 꼬리를 붙이고 있다 (이상 303 ～ 304 (하)에서도 같다).

303 (상)　INT : 첫번째 박자의 겹음 g를 e로 오기.

306 (하)　MUT, INT : 세번째 박자의 겹음 c를 빠뜨림.

307 (하)　MUT, INT : 세번째 박자 a에 ♮을 빠뜨림.

308 (상)　MUT, INT : 두번째 박자의 겹음 fes – ges 를 feses – g로 오기했다.

315 (상)　MUT, INT : 첫번째 박자 앞의 16분음표를 8분음표로, 두번째 박자 8분음표를 16분음표로 각각 오기했다.

319　MUT, INT : 상단 첫번째 박자부터 두번째 박자에 이음줄이 없다.

하단 아래쪽에 놓여져 있던 *fff*를 보표 중앙으로 옮겼다. ALP는 이것을 *ff*로 바꾸었는데 용인하기 어렵다. 이 판은 더욱이 321 의 *f*를 *ff*로 고쳐, 319 ～ 327 사이에 18개의 *ff*를 덧붙여 쓰고 있다. 알베니스가 319 의 *fff* 다음에 321 에서 일단 음량을 떨어뜨리고 327 까지 상승선—*cresc.*를 의도한 것을 파악하지 못했던 것 같다.

322 (하)　MUT : 이음줄이 없다.

324 (상)　MUT, INT : 첫번째 박자 앞 화음 ges^{1}에 붙여야 할 ♭을 실수로 f^{1}에 붙이고 있다.

상단 두번째 박자 위쪽에 기입되어 있던 *ff*를 보표 중앙으로 옮겼다.

325 (하)　INT : 첫번째 박자와 두번째 박자 사이에 높은음자리표가 없다.

326 (상)　ALP에 따라서 첫번째 박자 화음에 f^{1}을 부가했다.

327 (하)　INT : 두번째 박자 겹음의 as^{2}에 ♮을 붙이고 있는데 잘못된 것이다.

328 (하) MUT, INT : 첫번째 박자와 두번째 박자 사이에 높은음자리표를 빠뜨리고 세번째 박자 c^{3}를 as^{2}로 오기했다.

329 (상)　MUT, INT : 첫번째 박자부터 두번째 박자에 이음줄이 없다.

329 (하)　ALP에 따라서 *Ped. una corda*를 보완했다.

331 (하)　모든 판이 저음부 G를 F로 오기.

MUT : 두번째 박자 앞에 붙여야 할 높은음자리표가 이곳 바로 밑에 와 있다.

333 (하)　MUT : 첫번째 박자와 두번째 박자 사이에 높은음자리표가 없다.

334 (하)　ALP : 두번째 박자 a^{2}에 ♮을 빠뜨림(ALP에서는 이 음을 상단에 기입).

336 (하)　MUT, INT : 마디 끝에 낮은음자리표가 없음.

337 (상)　모든 판에서 첫번째 박자에 이어지는 둘째 작은음표 g^{2}와 본음표 g^{2}를 잇는 붙임줄이 없다.

MUT, INT : 두번째 박자의 화음 a^{1}에 ♮을 빠뜨림.

MUT : 세번째 박자 화음 e^{1}에 ♮을 빠뜨림.

337 (하)　MUT : 첫번째 박자 내성의 8분쉼표와 저음부 4분음표의 점이 없다.

338 (상)　MUT : 첫번째 박자 다음의 16분쉼표가 없다.

INT : 두번째 박자 화음 e^{1}에 ♮이 없다.

339 (상)　MUT, INT : 첫번째 박자 b^{1}의 붙임줄을 빠뜨렸고, MUT는 이곳에 내성의 이음줄이 없다.

339 (하)　MUT : 베이스의 4분음표 G에 점이 없고, 첫번째 박자와 두번째 박자 사이에 높은음자리표가 없다.

339 ～ 340 (상)　MUT : 마디를 잇는 f^{1}의 붙임줄이 없다.

341 (상)　MUT, INT : 첫번째 박자부터 두번째 박자에 이음줄 2개가 없다.

ALP : 소프라노 첫번째 박자 a^{1}에 ♮을 빠뜨렸다.

341 , 351 (하)　이 양 마디에 한하여 첫번째 박자 기보가 다른 부분과 다른 이유를 찾아내기 어렵다. 초판에 따랐다.

342 (상)　INT : 두번째 박자 겹음 a^{1}에 ♮을 빠뜨림.

344 (상)　MUT, INT : 두번째 박자 겹음 e에 ♮을 빠뜨림.

346 (상)　MUT : 두번째 박자부터 세번째 박자 f에 붙임줄이 없다.

347 (상)　MUT, INT : 두번째 박자의 겹음 ges－as를 MUT는 g－asas(!), INT는 g－as로 오기했다.

351 (상)　MUT : 첫번째 박자부터 두번째 박자에 이음줄이 없다.

351 (하)　MUT : 첫번째 박자 베이스에 des 8분음표가 있는데 착오인 것 같다.

352 (상)　INT, ALP : 두번째 박자 겹음 ges에 ♭을 빠드림(ALP에서는 이 음을 하단에 두었다).

353 (상)　MUT, INT : 두번째 박자 겹음 e에 붙여야 할 ♮을 실수로 f에 붙였다(양판 모두 357 (상)에서도 2옥타브 위에서 같은 실수가 있다).

361 (하)　MUT : 첫번째 박자 f^{3}에 덧줄이 한 줄 부족하고, INT는 이것을 des^{3}로 잘못 해석. 또, MUT에서는 세번째 박자의 8분음표에 불필요한 점이 있다.

363 (상)　MUT, INT : 두번째 박자의 화음 c^{3}를 des^{3}로 오기. 더욱이 세번째 박자의 화음 c^{3}를 빠뜨렸고, 또, 이것과 다음 마디 첫번째 박자를 묶는 붙임줄이 없다.

364 (상)　MUT, INT : 세번째 박자의 화음 c^{4}를 as^{3}로 오기.

366 (하)　MUT : 첫번째 박자 베이스 des^{1}을 es^{1}로 오기.

MUT, INT : 세번째 박자의 화음에 as^{1}을 빠뜨림.

368 ~ 369 , 378 ~ 379　ALP에 따라서 ——— 를 보완했다.

378 (상)　ALP : 세번째 박자 8분음표를 16분음표로 오기했다.

378 ~ 379 (상)　MUT, INT : 이음줄이 없다.

381　ALP에 따라서 ——— 를 보완했다.

388 (상)　MUT : 두번째 박자 첫째음의 c^{3}를 e^{3}로 오기했다.

390 (상)　MUT, INT : 첫번째 박자의 화음 e^{3}에 붙여야 할 ♮을 실수로 f^{3}에 붙였다.

391 (상)　MUT에서도 화음을 des^2-f^2-f^{3}로 오기. INT는 이 des^{2}를 c^{2}로 정정하고 있는데, 용인하기 어렵다. ALP에 따라 f^2-as^2-c^3-f^{3}로 한다.

제3곡 〈라바피에스〉

자필보에 1906년 11월 24일, 니스. 이 곡은 작곡자가 직접 본 교정본이 오르페오 카타라 도서관에 있다.

이 작품에 있어서도 ALP에서는 대단히 많은 보완을 했다. *sf*를 남용한 것도 앞의 곡과 같다. 이 부분에 대해 본서에서는 ALP를 따랐거나 특별히 지적할 필요가 있는 것에 한해서만 언급하였다. 알베니스는 셋잇단음의 기보에 있어서 빠뜨리지 않고 3이란 숫자를 붙이고 있지만, 본서에서는 잘못 읽을 우려가 없는 한 이것을 생략하여 텍스트의 간결화를 도모했다. 또, 스타카토나 >등의 기호 보완이 너무 많은 관계로 이 곡에서도 이들 부호에 대해서는 예외적으로 [ ]를 사용하였다.

2 (하)　MUT, INT : 두번째 박자 앞의 16분음표 des^{2}를 c^{2}로 오기했다.

2 , 3　INT, ALP : 두번째 박자 뒤에 *ff*. ALP에서는 여기에 첫번째 박자부터 두번째 박자 앞에 ——— 를 보완하고 있다.

3 (하)　INT : 두번째 박자 다음의 화음에 bb^{2}를 덧붙이고 있으나, 상단의 화음에도 같은 음이 있어 불필요하다.

4　INT, ALP : 첫번째 박자에 *mf*. ALP에서는 계속하여 첫번째 박자 끝까지 ——— .

5　INT, ALP : 첫번째 박자에 *p gracieux*(단, INT에서는 프랑스어가 아닌 이탈리아어. 이 판은 자주 프랑스어 지시를 이탈리아어로 바꾸어 쓰고 있음). 그러나 이곳과 동일한 178 에는 이 *gracieux*는 마디 후반에 있어 다음 프레이즈에 대한 지시로 생각해야 하고, 이곳에 부가하는 것은 부적절하다고 생각한다.

6　ALP : 첫번째 박자에 *p*. 이 판에서는 이하 13 의 *ff*까지 약간 기복은 있으나 *sempre p*.

6 , 10 (하)　ALP : 두번째 박자 뒤에 c^{2}가 덧붙어 있는데 잘못이다(179 에서도 같다).

7 ~ 9 , 11 ~ 13　이들 마디에 ——— 또는 ——— 를 보완했지만 번잡하므로 여기서는 [ ]를 생략했다.

8 (하)　INT : 첫번째 박자의 베이스 as의 4분음표를 ♩으로 오기했다(ALP에서는 이것을 ♩로 고쳐 쓰고 있다. 10 , 12 에서도 같다).

MUT, INT : 두번째 박자 앞의 겹은 ges^{2}가 없다(또, 이와 동일한 181 에서는 모든 판에 이것이 없다).

13　원래 이 마디 두번째 박자 뒤부터 *animé et joyeux ff* 로 기입되어 있기 때문에 MUT, INT에서는 *ff*가 14 첫번째 박자 뒤에 오는데, 당연히 13 두번째 박자 둘째음부터가 *ff*이므로 본서에서는 이곳에 옮겼다. 또, ALP에서는 여기서부터 상단에 2마디씩 이음줄을 보완하고 있다(19 두번째 박자 첫째음까지).

15 (상)　MUT, INT : 두번째 박자 둘째음에서 화음의 h^{2}에 붙여야 할 ♮을 실수로 c^{3}에 붙이고 있다(19 에서도 같다).

15 (하)　MUT, INT : 첫번째 박자 앞의 ges^1, as^{1}에 실수로 es-as-c^{1}과 공통의 하향 8분음표 꼬리를 붙이고, ges^{1}에는 상향 꼬리가 없다. 또, 첫번째 박자 다음의 겹음 ges^2-as^{2}에 실수로 불필요한 as^{1}을 붙이고 있다.

17 (하)　MUT, INT : 첫번째 박자 앞의 des^{1}에 실수로 상향 8분음표 꼬리가 있고, 두번째 박자 앞의 베이스 As에서 as로의 이음줄을 내성의 16분음표 b에서 as로의 이음줄로 오기.

18 (상)　MUT, INT : 첫번째 박자 앞의 화음 des^{3}가 없다.

ALP : 마디 마지막 8분음표에서 겹음 h^{2}에 ♮이 없다.

20　ALP에 따라서 두번째 박자에 ——— 를 보완했다.

21　원래 첫번째 박자 앞에 놓여져 있던 *fff*를 이와 동일한 곳(37 53 그외)에 맞추어 첫번째 박자 둘째음으로 옮겼다.

21 (상)　MUT, INT : 두번째 박자 리듬 ♩♪을 ♪♩으로 오기(34 (상) 첫번째 박자에도 같은 오기가 있다).

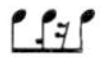

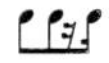

21 (하)　MUT, INT : 베이스의 첫번째 박자 4분음 표(Des – As)에 불필요한 점이 있다. 또, 이것과 두번째 박자 앞(이 음 앞에 낮은음자리표가 없 다)을 묶는 붙임줄 2개가 없다. 그리고 첫번째 박자 내성의 des³, as² 음표 밑에 불필요한 8분 쉼표가 있는데, 이것은 아마 >를 실수로 읽은 것으로 생각된다.

23 (상)　ALP는 첫번째 박자 마지막 겹음의 >를 삭 제하고 있다. 아마 31 (상)과 맞춘 것 같으 나 교정자는 견해를 달리하여 31 첫번째 박 자 마지막에 >를 보완했다.

23 (하)　아티큘레이션은 ALP에 따랐다(31 (중)에 서도 같다). INT : 두번째 박자의 첫째음에 *sf*. 이 판에서도 *sf*의 보완이 많지만 가끔 위치가 부정확하므로 이와 같은 부가에 대해서는 언급 을 피한다.

24 (상)　MUT : 첫번째 박자의 마지막 8분음표, 겹 음 as²에 덧줄이 없다.

24 ~ 25　ALP에 따라서 ——— *sf*를 보완했다.

24 , 28 (상)　ALP : 두번째 박자 4분음표에 >를 부가하고, 이것과 첫번째 박자 4분음표를 이음 줄로 묶고 있다. 아마 161 과 맞춘 것으로 생 각되지만, 이곳과 강약이나 악상이 전혀 다르기 때문에 적절하다고는 말할 수 없다. 또, INT에 서는 이들 마디의 첫번째 박자 4분음표를 8분 음표로 바꾸고 있는데 이것도 부적절하다.

25 (상)　INT, ALP : 두번째 박자 뒤에 *molto sf.*

29 (상)　MUT, INT : 마디 첫 화음 e²에 붙여야 할 ♮을 실수로 f²에 붙였다. 이어지는 제2 화음에서 는 e³에 ♮이 없다.
　　ALP : 마디의 마지막 화음 es²와 es³에 ♭이 없 다.

30 (중)　마디의 마지막 8분음표 es²에 있던 스타카 토를 22 (하)와 맞추어 삭제했다.

31 (상)　MUT, INT : 마디의 첫 화음 g²에 붙여야 할 ♮을 실수로 as²에 붙였다.

33 (상)　ALP : 두번째 박자 앞의 화음 f²에 ♮이 없 다.

33 (하)　MUT, INT : 마디 마지막 8분음표 g²에 ♮이 없다.

33 , 34　양 마디 첫번째 박자에 ALP에 따라 ——— 를 부가했다.

34 (상)　MUT, INT : 첫번째 박자 둘째음을 8분음 표로, 셋째음을 16분음표로 각각 오기(21 (상) 참조).

36 (상)　MUT, INT : 두번째 박자 다음의 화음 e²에 붙여야 할 ♮을 실수로 f²에 붙였다.

40 (상)　MUT, INT : 두번째 박자 첫 화음의 b¹이 없다.

41 (상)　첫번째 박자 둘째음에 ALP에 따라서 *sf*를 부가했다.

43 (중)　MUT, INT : 첫번째 박자 둘째음 f¹에 하향 4분음표 기둥이 없다.
　　ALP : 두번째 박자의 마지막 8분음표(f¹)와 앞 의 4분음표에 걸쳐진 셋잇단음을 위한 괄호를 붙임줄로 오인.

44 (상)　ALP : 첫번째 박자 제2화음의 g¹에 ♮이 없 다(이 판에서는 하단에 있다).

46 (상)　첫번째 박자의 마지막 8분음표에 붙여져 있던 >를 삭제했다.

46 ~ 47 (상)　ALP : 46 마지막 겹음과 47 첫째음과의 사이에 이음줄을 붙였다(이 판에서 는 이 겹음이 상하 양단으로 나뉘어져 있다).

47 (하)　원래 8분음표에 붙어 있던 >를 삭제했다.

51 (상)　MUT : 두번째 박자의 2개 화음 중 어느 것에도 덧줄이 없다.

52 (상)　ALP : 첫번째 박자의 세번째 화음 d¹을 하 단으로 옮겼기 때문에 여기에 새로운 ♮이 필요 하다.

52 (상중)　마디 마지막에서 두번째 8분음표에 ALP 에 따라서 >를 부가했다(54 (상), 56 (상)에 서도 같다).

53 (상)　MUT, INT : 마디의 마지막 8분음표를 16 분음표로 오기(INT에는 중간 단에도 같은 실수 가 있다). 또, 이 화음의 e²에 ♮이 없다.

54 ~ 55 (상)　ALP에 따라 54 두번째 박자 뒤 부터 55 첫머리에 이음줄을 보완했다.

59 (중)　MUT, INT : 두번째 박자 g¹에서 c¹에 이음 줄이 없다.

60 (중)　두번째 박자에, ALP에는 e¹에서 des¹까지의 이음줄이 있고, INT에서는 g에 스타카토를 붙 였고 이음줄은 없다. 본서에서는 g와 des¹을 이 음줄로 묶었다.

61 (상)　MUT, INT : 두번째 박자의 마지막 겹음 e¹ 에 ♮이 없다.

62 (상중)　MUT, INT : *pp*를 실수로 첫번째 박자 앞에 두었다. ALP에 따라서 이음줄을 보완했다

(63 (중)에서도 같다).

63 (상) ALP : 첫번째 박자의 마지막 겹음 f¹에 실수로 ♭을 부가.

64 ~ 65 ALP에 따라서 f ——— 를 보완했다.

66 (상) MUT, INT : 첫번째 박자 8분쉼표에 이어지는 화음의 g³에 붙여야 할 ♮을 실수로 f³에 붙였다(67 의 동일 부분 g¹도 같다).

66 (중) ALP : 이 판에서는 화음을 바꾸어서 인쇄했기 때문에 두번째 박자 처음의 g²에 붙어야 할 ♮이 상단 f²에 붙는 실수가 발생(67 첫번째 박자 g¹도 같다).

66 (하) 베이스 C-c에 붙은 f를 sf로 읽었다. INT는 이것을 ff로 바꾸고, ALP는 이 f를 그대로 상단 화음에도 보완하고 있는데, 찬성할 수 없다.

68 (상) 모든 판에서 두번째 박자 다음의 화음이 g²-h²-des³-g³로 되어 있지만, 이 des³는 ♮을 붙이지 않은 것으로 보아 d³로 판단했다. 첫번째 박자에 Des-As-f-des¹이 나오는데, 이곳의 des³는 관계가 없다고 생각한다. 이 음역에서 D♭이 C로 견인되는 힘은 청각적인 면에서 보면 너무나 빈약하다. 만약 이곳에서 작곡가가 이 하강 이끎음을 필요로 했다면 먼저 다른 음을 겹치는 방법을 택했을 것이고, 음역도 고려했을 것으로 추측된다.

72 (상하) MUT, INT : 첫번째 박자 리듬 ♫ 을 ♫ 로 오기(MUT에서는 73 (상)에서, INT는 73 의 (상하)에서 같은 실수를 하고 있다).

78 (상) ALP에서는 이하 ♫ 음형의 >에 거의 sf 를 붙였다. 약간 무리를 한 듯하다.

79 INT : 두번째 박자 뒤의 sec lancé 지시가 없다. 알베니스는 이하 곡 중에서 이런 음형에는 전부 같은 지시를 붙였지만 본서에서는 83 과 같이 [simile]로 표기했다.

79 (하) 첫번째 박자의 내성음 b에 원래 테누토 기호와 함께 스타카토가 있었으나 이것을 삭제했다.

80 (상) MUT, INT : 마디의 마지막 화음 des¹에 붙여야 할 ♭을 실수로 es¹에 붙였다.

81 (하) 원래 첫번째 박자 앞의 as 위에 있던 8분쉼표를 삭제하고 >를 보완했다.

83 (상) MUT, INT : 두번째 박자 다음의 화음 g³에 ♮이 없다.

86 (하) ALP에 따라서 두번째 박자 첫째음 8분음표 f¹에 sf를 부가했다(94 (하)에서도 같다).

87 (상) MUT, INT : 첫번째 박자의 둘째음 8분음표에서, 화음 g¹에 붙여야 할 ♮을 실수로 f¹에 붙였다.

88 , 96 (상) MUT, INT : 첫번째 박자 첫 8분음표 f¹에 실수로 des¹과 공통의 상향 꼬리가 있다. ALP에 따라서 두번째 박자 첫째 8분음표 g¹에 sf를 부가했다.

92 , 100 (상) 이들 마디는 여러 판에서 행의 첫머리에 오는데. MUT, INT는 실수로 낮은음자리표를 붙였다.

ALP : 소프라노 첫번째 박자 첫째음 f¹을 es¹으로 오기.

MUT, INT : 내성 두번째 박자 첫째음 fis에 ♯이 없다.

93 (상) MUT, INT : 첫번째 박자 화음 앞에 낮은음자리표가 없다.

93 (하) MUT, INT : 두번째 박자 다음의 화음 앞에 높은음자리표가 없다.

95 (상) INT : 첫번째 박자의 첫 des¹을 es¹으로 오기했다.

MUT, INT : 두번째 박자 다음의 화음 as²를 b²로 오기.

96 (상) MUT, INT : 두번째 박자 첫째음 g¹에 붙여야 할 ♮을 실수로 as¹에 붙였다. 본서에서는 이것을 삭제했다.

99 (하) MUT, INT : 마디의 마지막에서 두번째 8분음표 des¹을 c¹으로 오기했다.

101 (상) MUT, INT : 첫번째 박자의 화음 앞에 낮은음자리표가 없고, 두번째 박자 다음의 화음에 8······· 가 없다.

102 (하) 106 과 맞추어 마디의 첫 화음 c¹에 독립된 상향 16분음표 꼬리를 붙이고, 다음에 16분쉼표를 보완했다.

106 (하) MUT, INT : 마디 첫 내성의 16분음표를 8분음표로 오기.

107 (상) MUT, INT : 첫번째 박자의 마지막 8분음표에서, 화음의 g¹에 붙여야 할 ♮을 실수로 f¹에 붙였다(109 에서도 같다).

109 (상) MUT, INT : 첫번째 박자의 마지막 화음에 붙여야 할 m. d. 지시를 실수로 첫번째 박자 앞에 두었고, 본서에서는 이것을 삭제했다.

110 (하) MUT, INT : 두번째 박자의 첫째 16분음표 es¹이 없고, 실수로 베이스 As에 16분음표 꼬리가 붙어 있다. INT는 그 위에 꾸밈음 es¹을 붙이고 있다.

원래 첫번째 박자의 여섯잇단음의 둘째음 밑에 기입되어 있었던 *(페달을 떼는 기호)를 삭제했다(218 (하), 220 (하)에서도 같다).

112 (하) MUT : 16분음표군에 이음줄이 없다. 이 판에서는 115 두번째 박자, 116 첫번째 박자 등, 이하 이음줄의 탈락이 많은데 이는 언급하지 않는다.

MUT, INT : 두번째 박자 베이스 As에 실수로 4분음표 기둥을 붙였다.

115 (하) ALP는 두번째 박자 첫째음 b¹을 des²로 하고 있는데, 아마 실수인 듯하다.

115 116 (하) ALP에 따라서 양 마디 두번째 박자 첫째음에 >를 부가했다.

116 (상) MUT : 첫 화음의 g²에 붙여야 할 ♮을 실수로 f²에 붙이고 있다.

117 (하) MUT, INT : 마디의 마지막 8분음표 es³를 c³로 오기했다.

118 (상) MUT, INT : 두번째 박자의 첫번째 8분음표에서 화음의 f²가 없다.

120 (하) MUT : As에 붙임줄이 없다.

121 (상) MUT, INT : 마디의 마지막의 두번째 16분음표에서 화음의 as²가 없다.

122 (상) MUT, INT : 첫번째 화음 c³를 b²로 오기했다(as² - c³ - d³ - as³)

INT : 첫번째 박자 마지막 8분음표를 16분음표로 오기.

123 (상) MUT에서는 두번째 박자의 첫번째 16분음표에서 화음의 es³에 붙은 ♭이 실수로 f³의 ♮원쪽 위에 있다. INT는 그 위에 실수로 이 화음을 fis² - e³ - fes³(!)로 기입했다(fis² - es³ - f³).

두번째 박자의 아티큘레이션은 ALP에 따랐다.

125 (상) MUT, INT : 첫번째 박자 다음의 16분음표에서 화음 d³에 붙여야 할 을 실수로 c³에 붙였다. 모든 판에서 첫번째 박자의 마지막 화음을 g² - c³ - d³로 오기했다(g² - c³ - es³). 또한 MUT, INT에서는 이 g²에 ♮이 없다.

129 , 131 (상) MUT, INT : 마디의 첫음에 붙여야 할 상향 16분음표 꼬리를 8분음표로 오기.

130 (상) MUT, INT : 첫번째 박자의 마지막 리듬 ♪♫♪을 ♪♫로 오기.

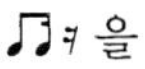

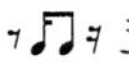

132 (하) MUT : 첫째음 ces²에 붙여야 할 ♭의 위치가 부정확하다. 본서에서는 여기에 있던 베이스 B₁을 임시보표로 옮겼다.

133 (하) MUT는 두번째 박자 뒤의 화음 d²에 붙여야 할 ♮을 실수로 es²에 붙였다. INT는 이것을 정정하는 과정에서 오기된 ♮의 삭제를 잊었다.

134 (상) ALP : 소프라노 끝에서 두번째 8분음표

fis¹을 f¹으로 했는데, 아마 잘못 생각한 것 같다.

134 (하) 원래 첫번째 박자 둘째음 밑에 기입된 *Ped.*의 * 를 삭제했다.

135 (상) ALP 이외의 모든 판 : 둘째음(c¹ - g¹) g¹에 ♮이 없다.

136 하단 첫번째 박자 내성 첫째음 c²와 상단 두번째 박자 내성 첫째음 c²에 ALP에 따라서 *sf*를 브가했다.

136 (상) ALP 이외의 모든 판 : 마디의 마지막 겹음 a¹에 ♮이 없다.

136 (하) MUT : 베이스 두번째 박자 d¹에 ♮이 없다.

137 두번째 박자 ALP에 따라서 ——— 를 부가했다.

137 (상) MUT, INT는 첫번째 박자의 마지막 fis¹에 실수로 ♮을 붙이고, ALP는 이곳에 ♮이 없다.

ALP 이외의 모든 판 : 마디의 마지막 화음 d³에 ♮이 없다.

138 (상하) ALP : 첫번째 박자 d¹과 d²에 ♮이 없고, 상단 두번째 박자 내성 첫째음 des²에 ♭이 없다.

141 (하) ALP : 첫번째 박자의 둘째음 앞에 높은음자리표가 없고, 상단에서 이곳으로 옮긴 첫번째 박자의 마지막 화음 d²에 ♮이 없다.

142 (상) MUT, INT : 마디의 첫 화음 ces²에 ♭이 없고, 마지막 화음 ges²를 b²로 오기.

ALP에서는 두번째 박자 다음의 >를 스타카토로 바꾸어 로 했는데, 이곳의 음량과 격렬한 표현으로 볼 때 부적절하다. 본서에서는 붙임줄로 오해할 소지가 있어 이음줄을 삭제했다.

142 (하) 144 에 맞추어 이음줄과 ——— 를 보완했다(이하 153 까지 MUT에서는 이음줄 탈락이 많은데, 이런 것은 지적하지 않았다).

143 (상) MUT : 첫번째 박자 앞의 as²에 덧줄이 없다.

INT : 두번째 박자의 셋잇단음 지시 괄호를, 실수로 첫번째 박자의 마지막 쉼표를 비롯하여, 두번째 박자의 마지막 쉼표에 기입하지 않았다.

147 (하) MUT, INT : 두번째 박자 둘째음 f(16분음표)를 8분음표로 오기했다.

148 (상) ALP : 이 판에서는 bb¹의 ♭♭을 피해서 a¹♮으로 기보. 따라서 두번째 박자의 둘째음 as¹에 ♭이 필요하다(이 판에서는 이 음을 하단에 두었다).

152 (상) MUT, INT : 마디 마지막에서 두번째 8분

음표 bb에 ♭♭이 없고 다음 ces¹에 실수로 ♭♭을 붙였다.

153 (상)　MUT, INT : 두번째 박자의 둘째 화음 ces²에 ♭이 없다.

153 (하)　MUT, INT : 두번째 박자의 첫 16분음표를 8분음표로 오기.

154 (상)　모든 판에서 두번째 박자 뒤의 겹음이 as² – ces³로 되어 있는데, 이 as²는 ♮이 없으므로 감3도여야 한다(153 두번째 박자, 156 두번째 박자 뒤의 화음 구조를 참조).

155 (상)　모든 판에서 두번째 박자 다음의 화음이 f² – des³ – es³ – f³로 되어 있는데, 이 es³도 ♮의 누락으로 판단한다. 이곳 f³에 반음 아래인 e³를 부가함으로써 하단 ges³와의 사이가 증6도로 되는데, 이것과 해결음(f² – f³)을 동시에 올리는 방법으로 예리한 악센트를 만들어 내고 있다. 알베니스가 즐겨 쓴 기법 중의 하나이다. 154 155 에 ♮이 없다면 이들 화음은 존재 이유를 잃게 된다.

155 (하)　MUT, INT : 두번째 박자 다음의 겹음 앞에 높은음자리표가 없다.

156 　ALP에 따라서 ⎯⎯ 와 하단 첫번째 박자의 8분쉼표를 보완했다.

156 (상)　MUT, INT : 두번째 박자 앞의 겹음 es¹ – ges¹을 ges¹ – b¹으로 오기했다.

157 (상)　MUT, INT : 2분음표 다음에 높은음자리표가 없다. MUT에서는 이어지는 화음에 덧줄이 없다.

158 (상)　MUT : 첫번째 박자의 둘째 화음 d³에 붙여야 할 ♮을 실수로 c³에 붙이고 있다. 원래 두번째 박자의 둘째음 d¹에 붙어 있던 > 를 삭제. INT는 이 16분음표를 8분음표로 오기.

158 (하)　MUT, INT : 마디 끝에 낮은음자리표가 없다.

163 ~ 164 (하)　MUT, INT : 베이스 B₁ – F에 붙임줄이 없다.

164 (상)　MUT, INT : 첫번째 박자 마지막 겹음 a¹에 ♮이 없다.

164 (하)　MUT : 마디 끝에 낮은음자리표가 없다.

168 (하)　ALP : 첫박자 둘째음, 겹음 8분음표에서 b 를 a로 오기(이 판에서는 ais이어야 하는 곳에 ♯이 없다).

171 (상)　MUT, INT : 모든 판이 이 부분에서 페이지가 바뀌는데, 기점이 불분명한 이음줄이 이 마디 처음에서 끝나고 있다. 본서에서는 이것을

삭제했다.

172 (상)　MUT : 첫번째 박자의 둘째음 fes² – fes³에 ♭이 없다.

172 (하)　ALP에 따라서 첫번째 박자 둘째음, 겹음 eses²에 독립된 4분음표 기둥을 부여하고, 두번째 박자 첫째음에 eses²를 부가. MUT, INT : 마디의 마지막 8분음표에서 겹음 asas²에 ♭♭이 없다.

177 　ALP : 이곳에 *mf dolce.* 이하 178 에 *p.* 179 *mf.*

178 (상)　MUT, INT : 첫번째 박자 내성의 마지막 16분음표 c²를 8분음표로 오기했고, INT는 이어지는 16분쉼표를 삭제하였다. 또, 마디의 마지막 겹음 as¹을 c²로 오기.

179 (상)　MUT, INT : 두번째 박자 다음의 화음 h²에 ♮이 없다.

183 (하)　MUT : 두번째 박자 다음의 겹음 d³에 ♮이 없다.

184 (하)　MUT, INT : 첫번째 박자의 리듬 ♪♫♪ 을 ♪♫♪ 으로 오기했다.

185 (상)　MUT, INT : 최초의 화음 e²에 ♮이 없고, MUT는 그 위에 두번째 박자 다음의 화음 g³에 ♭이 없다.

185 (하)　MUT : 두번째 박자 다음의 겹음 e³에 ♮이 없다.

187 (상)　ALP : 마디의 마지막 겹음에 *sf*를 붙였다(이하 191 까지의 각 마디에서 같다).

187 188 (하)　ALP는 189 이하와 맞추어 ⎯⎯ 를 부가하고 있는데, 이곳의 음량(*p*)으로 볼 때 꼭 필요하다고 볼 수 없다.

191 (상)　MUT, INT : 두번째 박자 다음의 겹음 ♭♭이 없다.

193 (상)　MUT, INT : 이음줄이 없다. ALP : 이 판에서는 첫번째 박자의 마지막 겹음 asas²를 g²(♮)에 기입하고 있기 때문에 이어지는 두번째 박자의 첫번째 겹음 ges²에도 ♭이 필요하다.

194 (상)　원래 두번째 박자 첫째음에 있는 스타카토를 >로 바꾼다.

201 (하)　MUT, INT : 두번째 박자 베이스의 마지막 As에 상향 8분음표 꼬리가 없다.

207 (상)　MUT : 두번째 박자 다음의 화음 c³를 b²로 오기했다(화음에 2개의 b²가 있다!).

208 (상)　MUT : 마디의 마지막 8분음표를 16분음표로 오기.

210 (하) 두번째 박자 내성의 첫째음에 ALP에 따라서 *sf*를 부가했다.

211 (하) 첫번째 박자의 내성음 as를 8분음표에서 4분음표로 바꾸어 87 과 맞추었다.

212 (상) MUT, INT : 마디의 첫음 ges에 실수로 b에 붙여야 할 하향 8분음표 꼬리를 붙였다. ALP에서도 실수로 ges와 공통의 꼬리를 붙였다.

215 (상) MUT, INT : 첫번째 박자의 소프라노 b, as, ges를 각각 des^1, c^1, b로 오기.

215 (하) MUT에서는 두번째 박자의 베이스 As_1에 덧줄이 한 줄 부족한데, INT는 이것을 오인하여 C로 기입.

218 (하) MUT : 이음줄과 ―――― 가 없다(이 판에서 219 이하 221 까지 상하 양단에서 16분음표군에 이음줄이 없다).

220 (하) MUT, INT : ―――― 가 없다. 또, 베이스 두번째 박자를 MUT는 4분음표로, INT는 2분음표로 각각 오기.

224 (하) ALP는 내성의 첫째 16분음표 ces^2를 as^1으로 하고 있는데, 아마 실수인 것으로 추측된다.

225 (상) MUT, INT : 두번째 박자 다음의 화음 as^3에 ♮♭이 없다.

227 (상) ALP : 마디의 첫 화음 ces^3에 ♭이 없다. 그리고 첫번째 박자의 아티큘레이션을 ♩♩로 바꾸고 있는데 찬성할 수 없다.

228 , 230 (하) ALP에 따라서 이음줄과 ―――― 를 보완했다.

229 (하) MUT, INT : 첫번째 박자의 마지막 8분음표 des^2를 c^2로 오기.

230 (상) ALP : 첫번째 박자의 마지막 8분음표 $bb^2 - bb^3$에 ♭♭이 없다. 이 판은 마디 첫머리의 bb^2와 bb^3를 a^2, a^3에 기보했기 때문에 이와 같은 여분의 기호가 필요하게 되었다.

232 (하) MUT, INT : 베이스 As_1-As를 C-As로 오기. 이 마디 내성의 아티큘레이션은 ALP에 따랐다.

234 (상) MUT, INT : 두번째 박자 앞의 화음 ces^3에 ♭이 없다.

236 (하) MUT, INT : 마디의 첫 옥타브 ces에 ♭이 없고, 두번째 박자 다음의 화음 ces^2를 as^1으로 오기했다.

240 ~ 241 원래 241 첫번째 박자 끝에서 끝나는 ―――― 를 두번째 박자 끝까지 연장했다.

241 (상) MUT : 첫째 화음 e^2에 붙여야 할 ♮을 실수로 f^2에 붙이고, 그 위에 마지막 화음 c^3를

as^2로 오기했다.

242 (상) MUT, INT : 첫째 화음 e^3-f^3-b^3를 des^3-e^3-b^3로 오기
MUT는 그 위에 셋째 화음 e^2에 붙여야 할 ♮을 실수로 f^2에 붙였다.

242 ~ 243 모든 판에서 양 마디에 각각 ―――― 가 있는데, 이곳에서 페이지가 바뀌기 때문에 생긴 실수이다. 이것을 한 줄의 ―――― 로 정리했다.

245 (하) MUT, INT : 첫번째 박자의 마지막 As_1을 F_1으로 오기했다.

247 ALP에 따라서 *sf*에 *poco*를 보완했다(251 에서도 같다).

253 255 하단 아래쪽에 놓여 있던 *assez sf*를 보표 중앙으로 옮겼다(253 에서는 여기에 이어지는 ―――― 도 중앙으로). INT는 *assez*를 삭제하고 있다.

260 (하) 원래 두번째 박자 앞에 붙어 있던 >를 첫번째 박자 둘째음으로 옮긴다.

261 ~ 263 각 마디 처음에 ALP에 따라서 >를 보완했다. ALP에는 261 , 262 의 첫번째 박자에 ―――― 를 붙였다.

[이베리아] 제4권 (1907~1908?)

1) 말라가
2) 헤레스
3) 에리타냐

[초　판] [Iberia] 4ᵐᵉ Cahier, MUT 1908
　　　　　 1) Málaga　2) Jerez　3) Eritaña
[자필보] 1) 2) 3) 카타르냐 도서관 음악부문 소장, 바르셀로나

제1곡 〈말라가〉

자필보에 1907년 7월, 파리

4 INT : 보표 중앙 *sf*의 위치가 부정확하고 첫번째 박자 앞에 붙어 있다(8 , 12 에서도 같음).
ALP에는 4 에서만 *sf*를 삭제.

| 6 | *sf*의 위치가 모든 판에서 불확실하다. 교정자는 이것을 상단 두번째 박자 뒤에 붙였던 것으로 생각한다.

| 7 | (상) ALP : 두번째 박자에 붙은 작은 음표 중, 첫번째 겹음 B - es를 des - ges로 오기.

| 13 | (하) ALP : 세번째 박자 직전에 있는 작은음표 fes¹에 ♭이 없다(이 판에서는 두번째 박자 fes¹을 상단에 옮겼으므로 이 임시기호가 필요).

| 17 | (하) INT : *Ped.* 뒤에 *ma non f*의 지시를 삭제(이 판에서는 이러한 지시 생략이나 바꾸어 쓴 것이 대단히 많고, 때로는 이것이 부적절하거나 오기일 경우가 있는데, 이하 중요하지 않은 경우 언급하지 않음).

| 20 | (상) MUT, INT : 첫번째 박자의 b¹ - f² - b²의 화음에서 시작해야 할 이음줄이 실수로 2분음표 c²부터 이어져 있다.

| 21 | (상) 종래의 모든 판은 세번째 박자 앞의 화음 ges²가 f²로 되어 있는데, ALP에 따라서 이것을 고쳤다.

| 24 | (상) 원래 두번째 박자에서 시작된 이음줄을 ALP에 따라 첫번째 박자로 수정.

| 25 | (하) INT : 두번째 박자 앞의 ces¹에 >를 붙였다. 어떤 근거로 이것을 붙였는지 알 수 없다.

| 29 | 원래 이 마디에 있던 *sonoro*는 불필요하다고 생각된다. 삭제.

| 30 | (하) INT : 두번째, 세번째 박자의 아티큘레이션·이음줄을 빠뜨림 (| 32 | 34 | 36 |에서도 같음). ALP도 | 32 |에서 이것들이 빠져 있다.

| 31 | (상) MUT, INT : 첫번째 박자 앞의 화음 b¹을 ges¹으로 오기.

| 36 | (상) 원래 두번째 박자 뒤에서 시작되어 | 38 | 첫 머리까지 이어진 이음줄을, ALP에 따라서 첫번째 박자부터 시작되는 것으로 수정. 또 두번째 박자 뒤부터의 ══════ 를 첫번째 박자부터로 정정하고, | 37 |과 연결하여 한 줄의 ══════ 로 정리했다.

| 38 | (상) ALP : 두번째 박자 다음의 ces¹을 ces로 오기(이 판에서는 H).

| 38 | 39 | (하) MUT, INT : 베이스 2분음표에 불필요한 점이 있다.

| 43 |~| 44 | 모든 판에서 | 43 | 끝에서 | 44 | 첫부분까지 ══════ , 계속해서 ══════ 가 있지만, 동일한 부분과 비교한 결과 이 부분은 8분음표 1개분만큼 오른쪽으로 벗어나 있는 것으로 판단되므로, | 43 | 세번째 박자 뒤로 향한 ══════ ,

| 44 | 첫번째 박자 앞으로 향한 ══════ 로 정정. 그리고 원래 하단 내성에 붙어 있던 마디선을 넘는 ══════ 를 삭제.

| 49 | (상) MUT, INT : 내성 두번째 박자의 2분음표에 여분의 점이 있다.

| 49 | (하) 원래 내성 첫번째 박자 뒤 es에서 끝나는 이음줄을 | 47 |과 맞추어 두번째 박자 des까지 연장했다.

| 55 | (상) 원래 소프라노 첫번째 박자 2개의 8분음표를 묶고 있던 이음줄을 삭제.

| 58 |, | 66 | (상) 원래 | 58 | 두번째 박자 앞부터 뒤까지 as¹의 붙임줄이 있었고, | 66 |의 같은 부분인 cis² 및 gis¹에도 붙임줄이 각각 걸쳐져 있었지만, 이것들을 이와 동일한 곳에 맞추어 삭제. | 66 |에서는 두번째 박자 2개의 8분음표 아래쪽에 같은음 이음줄만 남기고, | 58 |에서는 이것을 보완했다(이상 ALP에서도 이와 같이 처리하고 있다).

| 59 | (하) INT : 이음줄을 실수로 첫 2음에만 걸치고 있다.

| 60 | (상) ALP : 첫번째 박자 뒤와 두번째 박자 앞 사이에 *sf*가 있는데, 그 의도를 잘 모르겠다.

| 60 | (하) MUT, INT : *sf*를 실수로 첫번째 박자 뒤에 붙이고 있다. 또, MUT에서는 *a tempo* 지시가 두번째 박자에 있는데, INT는 이것을 상단 위쪽 세번째 박자에 옮기고 있다. 이는 용인할 수 없다.

| 61 | (상) INT : ══════ 를 빠뜨림.

| 61 | (하) MUT, INT : 베이스 des 2분음표에 점을 빠뜨림.

| 63 | (하) MUT, INT : 첫번째 박자 다음의 짧은 ══════ 를 빠뜨림.

| 67 |, | 75 | (하) 첫번째 박자에 있던 테누토 기호를 이와 동일한 곳에 맞추어 >로 대신한다.

| 69 | (상) MUT : 소프라노 두번째 박자 다음의 fis²에 ♯을 빠뜨림.

| 70 | (상) | 86 |과 맞추어 ══════ 를 보완.

| 70 | (하) 첫번째 박자에서 시작하는 내성의 ══════ 를 빠뜨림.

| 72 | (하) ALP : 베이스 E의 2분음표에 여분의 점이 있다.

| 73 | (하) ALP : 두번째 박자의 4분음표 gis¹, 16분음표 fisis¹을 모두 g¹으로 오기.

| 74 |~| 85 | (상) 내성의 8분음표 2개씩 묶은 아티큘레이션·이음줄을 보완(| 170 |~| 180 |, | 182 |~| 184 |에서도 같음). 너무 많아 점선 이음줄의 사용을 피했다.

79 (하) 원래 두번째 박자에 기입되어 있던 *Ped.* 지시를 이와 동일한 곳에 맞추어 삭제.

80 (하) MUT, INT : 첫번째 박자에서 세번째 박자까지의 ═══ 를 빠뜨림.

81 (하) INT : 내성 첫번째 박자 또는 두번째 박자 어느 쪽이든 h에 ♮이 필요하다.

84 (하) MUT : 베이스 a에 덧줄이 한 줄 부족. INT는 이것을 잘못 읽어 c^1으로 기입.

85 (상) MUT, INT : 세번째 박자 앞의 화음 gis^1에 붙여야 할 ♯을 실수로 h^1에 붙이고 있다.

86 (하) INT : 베이스 d에 ♮을 빠뜨림.

90 (상) ALP : 이 마디의 1~3박자를 잇는 이음줄을 삭제하였다.

92 (상) *sf* 는 원래 91 의 세번째 박자에 기입되어 있는데 100 과 맞추어 이곳으로 옮겼다.

93 (상) MUT : 첫번째 박자 앞의 화음 g^2까지 붙임줄이 이어지지 않았다.

94 (상) MUT : 두번째 박자 뒤부터 세번째 박자의 화음 c^3에 붙임줄을 붙임.

97 (상) MUT, INT : 마디의 첫 화음 ais^2에 실수로 ♮을 붙임.

98 (하) ALP : 마디의 마지막 8분음표 g^1을 상단으로 옮겼는데 실수로 g^2에 기입되어 있다.

98 ~ 99 (하) 원래 양 마디에 각각 기입되어 있던 ═══ 를 2마디에 걸친 1줄의 ═══ 로 해석했다.

100 (상) ALP : 첫번째 박자에서 작은음표의 둘째음과 본음표를 묶은 붙임줄을 삭제하고 a^3를 다시 치도록 했는데, 주관적인 것으로 생각된다(104 의 c^3에 대해서도 같음.)
MUT, INT : 2, 3박자 g^2 및 g^3에 ♮을 빠뜨림.

103 (상) MUT, INT : 두번째 박자의 화음 a^2에 ♮을 빠뜨림.

105 (상) INT : 마디의 마지막 화음 $a^2 - b^2 - d^3 - f^3$를 $ges^2 - a^2 - d^3 - f^3$로 오기.

105 (하) MUT, INT : 마디 끝에 낮은음자리표가 없음.

110 INT : *poco sf* 를 실수로 *f* 로 기입. 더구나 이것을 두번째 박자 앞에 두고 있다.

116 (하) MUT : 베이스 fis의 2분음표에 점이 없다.

120 (상) INT : 첫번째 박자 다음의 화음에 여분의 d^2, 두번째 박자에 또한 불필요한 e^2를 각각 오기.

120 (하) INT : 첫째음 fis에 ♯을 빠뜨림

122 , 123 (상) MUT : 양 마디의 fis^2에 ♯을 빠뜨림

123 (상) MUT : 첫번째 박자의 화음 gis^1을 fis^1으로 오기.

126 INT : 베이스의 *ff* 를 생략하고 보표 중앙에 *f* 로 바꾸어 쓰고 있다.

129 (하) INT : 마디 마지막 fes^2를 ges^2로 오기.

131 (하) 원래 베이스 두번째 박자 뒤에 8분쉼표, 세번째 박자에 4분쉼표가 있었으나, 성부 진행으로 보아 불필요하다고 판단하여 삭제했다.

134 (상) MUT, INT : 두번째 박자 앞의 화음 a^3에 ♮이 없다.

135 (하) 원래 세번째 박자 앞에 기입된 *Ped.* 지시를 세번째 박자 뒤로 옮김.

136 (상) MUT, INT : 첫번째 화음 es^3를 ges^3로 오기.
ALP : 마디의 마지막 8분음표 c^4를 140 과 같이 c^3에 기입.

141 (상) ALP는 마디의 마지막 화음에 a^2를 빠뜨리고 MUT, INT는 h^2에 붙여야 할 ♮을 실수로 c^3에 붙였다.

142 INT : *ff con anima* 의 지시를 빠뜨림.

142 , 144 (하) ALP : 첫번째 박자 베이스 Es의 2분음표에 불필요한 점이 있다.

143 (상) 원래 두번째 박자 앞에서 시작되는 이음줄을 ALP에 따라서 첫번째 박자로 옮겼다.

145 (하) 모든 판에서 세번째 박자 베이스 f^1에 ♮을 빠뜨림.

155 (상) MUT, INT : 소프라노의 각 8분음표에 실수로 알토와 공통의 하향 꼬리를 붙임.
ALP : ═══ 의 벌림이 두번째 박자 뒤에서 최대가 되도록 고쳐 쓰고 있는데, 하단의 >와 그 밖의 관계로 볼 때 부적절(157 에서도 같다).

161 원래 *sf* 의 직전에 기입된 짧은 ═══ 를 삭제.

162 164 165 (상) 163 과 맞추어 알토 성부의 4분음표에 테누토 기호를 보완.

163 (하) 원래 첫번째 박자 앞에 기입된 *Ped.* 지시를 삭제.

164 ~ 165 원래 양 마디에 각각 ═══ 가 있었지만 이것을 2마디에 걸쳐 한 줄의 ═══ 로 고쳤다. 또, 165 하단 아래쪽의 ═══ 를 삭제.

165 (상하) 원래 이 마디의 세번째 박자에서 끝나는 내성의 이음줄을 ALP에 따라서 166 첫부분까지 연장.

168 두번째 박자부터 ═══ 를 보완. 이것을 169 의 ═══ 와 묶어 1줄로 정리해 164 ~ 165 와 맞추었다.

172 (하) INT, ALP : *sf* 와 ═══ 를 빠뜨림. MUT에

서는 ══════ 만 빠뜨림.

[173] (상) INT : 세번째 박자 앞 내성의 a^1을 as^1으로 오기.

[183] (상) INT : 마디의 마지막 화음 b^2를 실수로 d^3의 오른쪽 옆에 둠.

[186] MUT : *pieno*를 *piano*로 오기. 또, INT는 이 마디의 지시 일체를 빠뜨림

[188] ~ [189] (하) 양 마디의 ══════ 를 1줄로 정리했다.

[189] ~ [190] 원래 [189] 끝에서 [190] 처음, [190] 의 첫번째 박자에서 두번째 박자까지 2개의 ══════ 가 있었지만, ALP에 따라서 이것을 1줄로 정리했다.

[191] (하) 첫번째 박자 다음의 b에 붙은 운지 숫자 *3*은 5의 실수.

[192] (상) 두번째 박자 마지막 8분음표에 ALP에 따라서 b^1과 f^2를 부가.

[196] (상) ALP : 이음줄을 빠뜨림.

[197] (하) 원래 첫번째 박자에 기입된 *Ped.* 지시를 빠뜨림.

[198] (상) MUT, INT : 이음줄을 빠뜨림.

[199] (상) MUT, INT : [200] 첫번째 박자의 *8* ⎯⎯⎯ 과 이음줄을 실수로 이 마디의 마지막 음부터 붙이고 있다.

[200] ~ [203] (하) 이 사이 아래쪽에 2마디씩 ══════ 2줄을 보완.

[201] (하) ALP : 이 판에서는 세번째 박자의 8분음표 2개를 상단으로 옮겼는데, 이 보표에 *8* ⎯⎯⎯ 가 있는 것을 간과한 관계로 이 음들이 실제음보다 1옥타브 높게 오기되었다.

[204] ~ [205] (하) 원래 각각의 마디에 이음줄이 기입되어 있었지만, [208] ~ [209] 에 맞추어 이것들을 1줄로 정리했다.

[208] (하) INT : 이음줄을 빠뜨림.

[211] MUT : 세번째 박자의 *sf*를 빠뜨림

[219] (상) INT : 마디의 마지막 겹음 es^2를 fes^2로 오기.

[222] (하) 첫박자부터 두번째 박자에 ══════ 를 보완([224] [226] [228] 에서도 같음).

[224] (하) MUT, INT : 첫박자에서 두번째 박자까지의 이음줄을 빠뜨림.

[228] MUT, INT : 세번째 박자 앞 하단의 ges^1에 붙여야 할 >를 실수로 상단 a^1에 붙였다.

[229] ~ [230] (상) MUT : [229] 세번째 박자 뒤에서 [230] 처음까지 화음의 각 음에 실수로 이음줄을 붙이고, 세번째 박자 앞의 이음줄을 빠뜨림.

[232] (하) INT : 세번째 박자의 이음줄을 빠뜨림.

[232] ~ [234] (상) MUT, INT : [234] 첫박자에서 끝나는 위쪽 긴 이음줄을 빠뜨림(INT는 [234] ~ [236] 에서도 이음줄이 없다).

[235] (상) INT : 첫번째 박자의 겹음 $b^1 - es^2$에 >를 빠뜨림.

[236] (상) INT : 위쪽의 ══════ 를 빠뜨림.

[236] ~ [237] 원래 보표 중앙에 기입된 ══════ 와 ══════ 를 삭제.
ALP는 이곳 ══════ 만 남기고 [236] 두번째 박자 다음의 es^1부터 f^1까지 짧은 ══════ 로 읽고 있다.

[240] 모든 판에서 *pp*가 두번째 박자 앞에 놓여져 있는데, 이곳과 동일한 [42] 에 맞추어 마디 첫머리로 옮김.

[245] (하) MUT, INT : 세번째 박자 앞의 b^1에 하향 4분음표 기둥을 빠뜨림.
ALP : 마디의 마지막 es^1부터 이음줄 부가.

[247] (상) INT : 세번째 박자의 화음 $f^2 - a^2 - es^3 - f^3$를 $f^2 - a^2 - ges^3 - as^3$로 오기.

제2곡 〈헤레스〉

자필보에 1909년 1월, 니스로 되어 있지만, 이것은 앞에서도 지적했던 바와 같이 1908년 혹은 1907년을 잘못 쓴 것으로 생각된다.

이 작품의 초판에서는 특히 ══════ ══════ 를 비롯하여 악상 기호의 위치가 자주 통일되어 있지 않다. 이는 기보상 스페이스의 제약이 주된 요인이라고 생각된다. 눈에 띄는 예를 들자면, 동일한 곳에서 명확히 소프라노를 위한 지시로 해석되는 기호가 하단에 놓여져 있다든지, 상하 양단의 보표 중앙 부분에 스페이스가 부족하여 하단 아래쪽에 ══════ 를 기입하고, 또 상단 위쪽에도 보완한 결과 기호가 불필요하게 중복되는 점 등이다. 본서에서는 가능한 한 이것을 정리하고 불필요한 것을 줄이려고 노력했지만, 보표 중앙에 위치하는 기호가 상하 양단에 유효한 것인지 혹은 그 어느 한쪽에만 관계되는 것인지 마지막까지 고심한 케이스도 적지 않다.

[1] (하) MUT : 테너 성부의 이음줄을 빠뜨림.

[2] (상) 첫박자 다음의 ══════ 는 원래 소프라노와 알토 중간에 기입되어 있었는데, ALP에 따라서 이곳으로 옮겼다. MUT, INT는 [4] 에서 이 기호를 빠뜨림.

[2] , [4] , [7] (상) MUT, INT : 알토 성부 마디 후반의 이음줄을 빠뜨림.

$\boxed{7}$ (상하)　MUT : 알토, 테너 양 성부가 $\boxed{6}$ 에서의 이음줄에 연결되어 있지 않다. 알토에 대해서는 INT에서도 같다.

$\boxed{8}$ (상)　MUT, INT : 알토 성부의 이음줄을 빠뜨림.

$\boxed{8}$ (하)　ALP : 테너의 이음줄을 베이스 e의 붙임줄로 오기(이 판은 가끔 이음줄, 붙임줄을 걸치는 방법이 허술하다).

$\boxed{10}$ (상)　MUT, INT : 알토 성부에서 마디 후반의 이음줄을 빠뜨림(MUT는 $\boxed{12}$ 에서도 같음).

$\boxed{10}$ ~ $\boxed{13}$ (상)　INT : 첫번째 박자 뒤에서 소프라노의 16분음표 2개를 잇는 이음줄을 빠뜨림(MUT도 $\boxed{12}$ 에서 빠뜨림).

$\boxed{13}$ (상)　MUT : 소프라노, 알토 다같이 $\boxed{12}$ 에서의 이음줄이 연결되어 있지 않다.

$\boxed{14}$ (상하)　INT : 소프라노와 테너에서 첫번째 박자 다음의 이음줄을 두번째 박자 앞까지 연장하고 있다($\boxed{15}$ 에서도 같음).

$\boxed{14}$ (하)　INT : 베이스 두번째 박자 마지막에서 세번째 박자까지의 붙임줄을 빠뜨림.

$\boxed{15}$ ~ $\boxed{16}$ (하)　INT : 베이스 $\boxed{15}$ 세번째 박자에서 $\boxed{16}$ 까지의 붙임줄을 빠뜨림.

$\boxed{18}$ (상)　원래 첫번째 박자 다음의 둘째음에만 붙여져 있던 소프라노와 알토의 이음줄을 $\boxed{19}$ 와 맞추어 두번째 박자 앞까지로 연장했다.

$\boxed{18}$ (하)　ALP : 이 판에서는 두번째 박자 뒤의 화음 c^1을 상단으로 옮기고 있는데, 이것을 실수로 a로 기입하고 있다.

$\boxed{18}$, $\boxed{19}$ (하)　ALP : 첫번째 박자의 둘째음에 붙어 있던 ff를 빠뜨림(INT $\boxed{19}$ 에서도 같음).

$\boxed{19}$ (하)　첫번째 박자 다음의 셋째음에 걸리는 ━━━ 는 원래 보표 중앙에 기입되어 있었는데, $\boxed{18}$ 과 같게 했다.

$\boxed{20}$ (하)　INT : 베이스 첫번째 박자의 점8분음표를 점4분음표로 오기.

$\boxed{21}$ (하)　원래 세번째 박자 앞에 있던 2 *Ped.* 지시를 두번째 박자 뒤로 옮겼다.

$\boxed{24}$ (하)　INT : 베이스 마지막 16분음표 c^1에 붙여졌던 하향 꼬리를 8분음표 꼬리로 오기.

$\boxed{25}$ (상)　ALP : 소프라노 첫번째 박자 뒤에서 두번째 박자 앞에 실수로 이음줄을 붙이고 있다.

INT : 소프라노 두번째 박자 뒤에서 세번째 박자 앞까지의 소프라노 이음줄을 빠뜨림($\boxed{26}$ 에서도 같음).

$\boxed{27}$ 　ALP : 두번째 박자 뒤에 p로 지시.

$\boxed{28}$ (상)　여기에서 $\boxed{48}$ 까지 여러 판에서 붙임줄과 이음줄이 각각 부정확하다. 원래 1단의 보표에

이 3성을 기입하는 것 자체가 무리인데, INT는 $\boxed{28}$ 에서 cis^1의 붙임줄을 내성 첫번째 박자에서 두번째 박자까지의 fis^1의 이음줄로 잘못 해석하여 $\boxed{29}$ 에서는 d^2의 붙임줄을 빠뜨렸고, 또 이곳($\boxed{29}$)부터 4마디 사이에서 내성의 16분음표 3개에 붙여야 할 이음줄이 전부 세번째 박자에서 맨 아래음에 걸려 있다. ALP에서는 상단 각 마디의 맨 아래 성부를 전부 하단으로 옮겼기 때문에 붙임줄의 위치를 확인하기 어렵고, 특히 $\boxed{29}$, $\boxed{33}$ 의 d^1, $\boxed{36}$ 의 f^1의 붙임줄은 전혀 다른 음과 이어져 있다.

그리고 상하 양단 첫번째 박자에 붙여졌던 >와 보표 중앙에 놓여졌던 ━━━ 는 이하 $\boxed{40}$ 까지에서 몇 곳이 보이는데 이를 전체 마디에 보완해야 옳을지도 모른다. 또한, 본서에서는 원래 $\boxed{28}$ (상)에 있던 ━━━ 를 중복된 것으로 간주해서 삭제했다.

$\boxed{29}$ (하)　원래 첫번째 박자 베이스에 있던 sf를 삭제.

$\boxed{32}$ 　INT : *doux* 지시를 빠뜨림(이 판에서는 이러한 종류의 지시 생략이나 바꾸어 쓴 것이 대단히 많다. 이하 특히 문제가 없는 한 언급하지 않는다).

$\boxed{41}$ ~ $\boxed{48}$ 　ALP는 이 사이에서 하단의 첫번째, 두번째 박자인 4분음표를 상단에, 상단의 맨 아래음을 붙임줄과 후속의 16분음표를 함께 하단으로 바꾸어 넣었다. 그 결과 하단 세번째 박자에서 다시 쳐야 할 음이 불확실하게 됐다. 이 판 하단에서는 붙임줄을 삭제하는 편이 좋다.

$\boxed{53}$ (상)　모든 판에서 소프라노 세번째 박자의 셋째 32분음표 g^2에 ♮을 빠뜨림.

MUT, ALP : 내성 두번째 박자 뒤의 16분음표 3개에 스타카토를 빠뜨림($\boxed{54}$ $\boxed{55}$ 에서도 같음).

$\boxed{53}$ (하)　끝에서 두번째 16분음표에서 화음 H를 모든 판이 c로 오기.

$\boxed{54}$ (상하)　모든 판에서 세번째 박자의 첫째음 g와 g^1에 ♮을 빠뜨림. 그 위에 ALP에서는 소프라노 세번째 박자의 넷째 32분음표 g^2에 ♮을 빠뜨림.

$\boxed{59}$ 　모든 판이 ━━━ 를 빠뜨리고 있다.

$\boxed{64}$ (상하)　MUT, INT : 마디 후반에서 베이스를 제외한 위 3성 이음줄이 다음 마디 첫머리와 연결되어 있지 않다.

$\boxed{65}$ (상하)　첫번째 박자에서, MUT는 하3성이, INT에서는 중2성이 $\boxed{64}$ 부터의 이음줄로 연결되어 있지 않다. 그리고 MUT는 알토 성부 마디 후반의 이음줄을 빠뜨림.

[67] INT : *poco meno che prima* 지시를 빠뜨림.
MUT, INT : 상단 두번째 박자 후반부터 하단 as를 향한 이음줄이 실수로 a에서 끝나고 있다.

[68] (상) INT : 첫번째 박자의 작음음표군 둘째음 e¹을 c¹으로 오기. 또, 꼬리를 16분음표로 기보(이 판에서는 작은음표 꼬리를 바꿔 쓴 것이 많지만, 이하 지적하지 않는다). 또한, 이곳 점2분음표 c¹에 *tenuto* 지시를 빠뜨림. MUT, INT : 세번째 박자 뒤에서 [68] 첫째음까지의 내성 이음줄을 실수로 [68] 끝에서 마치고 있다.

[72] (하) MUT, INT : 세번째 박자의 16분음표 G에서 끝나야 할 이음줄을 실수로 다음의 작음음표 c¹까지 이었다.

[72] ~ [73] 원래 보표 중앙에 위치한 ━━━ 를 상단 위쪽으로 옮겨 이곳과 동일한 [186] 에 맞추었다.

[73], [87] (상) 모든 판에서 소프라노 세번째 박자의 이음줄이 마디선을 넘고 있는데, MUT 이외에는 다음 마디에 연결되어 있지 않다. ([87] 은 MUT에서도 같음) 지금은 이것을 [73] 끝에서 마무리.

[74] (상) 이곳에서 [79] 까지의 6마디 사이, 본서의 위쪽에 쓰인 강약 기호는 여러 판이 각각 다른 위치에 기입되어 있는데, 명백히 소프라노를 위한 지시로 알 수 있는 것은 전부 이곳과 같게 했다(이하 [88] ~ [93], [105] ~ [110] 그외 이곳과 동일한 곳에서도 전부 마찬가지). 고전기에 ⚬ 기호로 프랄트릴러를 나타내는 작은음표를 알베니스는 언제나 ⚬ 와 같이 32분음표로 기보하고 있다. MUT, INT는 이 부분뿐만 아니라 다른 곳에서도 자주 16분으로 바꾸고 있는데, 트릴러의 빠름이나 예리함에 관해서 어떤 의미가 있는 것으로 판단하여 본서에서는 이것을 일체 바꾸어 쓰지 않았다.

[75] (상) 원래 첫번째 박자 g¹에 붙여져 있던 하향 4분음표 기둥을 [189] 에 맞추어 삭제.
INT : 소프라노 g¹의 붙임줄을 빠뜨림.

[77] (하) 첫번째 박자 후반의 ⚬ 의 음형에 ━━━ 를 보완했다([79] 이하 이와 비슷한 마디에서도 동일). 또한 INT는 [77] 에서 이음줄을 실수로 첫번째 박자 끝에서 끝내고 있다.

[78] (상) INT : 소프라노 첫 두 음의 이음줄을 빠뜨림.

[80] ~ [81] (상) [81] 의 ━━━ 를 그대로 남기고, 상단 위쪽에도 이것을 보완하여 [81] 첫번째 박자까지 연장하고, [80] 후반의 아우프탁트의

성질을 강조했다.

[81] (상) INT : 소프라노 g¹의 붙임줄을 빠뜨림. 모든 판 : 첫번째 박자 뒤의 화음 as¹에 ♭을 빠뜨림.

[84] (상) INT : 첫번째 박자에 붙어 있는 작은음표군의 첫째음 d를 e로 오기. MUT, INT : 첫번째 박자 2분음표에 점이 없음 (INT는 [86] 에서도 동일).

[88] (하) MUT : 마디 끝에 낮은음자리표가 없다.

[89] (상) MUT, INT : 소프라노 두번째 박자의 셋째음 as¹에 ♭이 없다.

[94] (상) 마디 후반의 ━━━ 를 상단 위쪽에도 보완한 후 [95] 첫번째 박자까지 연장([80] ~ [81] (상) 참조).

[95] (상) INT는 *ma dolce*를 실수로 *cantando*로 걸치고 있는데 *sf ma dolce*이어야 한다. 또, 세번째 박자 다음의 16분음표 b¹에 붙은 작은음표 c²가 없다. 본서에서는 ALP에 따라서 원래 보표 중앙의 세번째 박자 뒤에 있던 ━━━ 를 상단으로 옮겼다([96] 끝에서도 같음).

[97] (상) INT : 첫번째 박자에 *sf.* 무엇을 근거로 부가했는지 불명.

[98] (상) 원래 보표 중앙에 있던 첫번째 박자 앞의 *p* ━━━ 는 점8분음표 ces¹에 걸리기 때문에 위쪽으로 옮겼다([99] 첫번째 박자 *p*도 같음). INT : 첫번째 박자 뒤부터 두번째 박자 앞까지의 이음줄을 빠뜨림.

[98] (하) 마디의 마지막 16분음표 asas를 8분음표로 오기.

[99] (하) MUT, INT : 마디의 마지막 16분음표 as에 하향 꼬리가 없다.

[100] 보표 중앙의 *pp*(첫번째 박자 뒤)를 모든 판이 앞에 붙이고 있다. 그 때문에 ALP는 착각하여 소프라노 성부에도 붙이고 있다. MUT, ALP에서는 *sf*를 세번째 박자 첫째음에 놓고 있는데, 이 음줄로 묶어진 5개의 16분음표 머리에 두는 편이 자연스럽다고 판단해(즉 *rinf.* 의 의미로 사용된 *sf*). INT에 따라서 이것을 두번째 박자 마지막 16분 음표에 옮기고 *poco*를 보완. 이 마디 위쪽의 지시 *dolcissimo ma meno*의 *meno*는 이해하기 어려우나, *non troppo*라 추측된다. INT는 이 것을 삭제.

[102] MUT, ALP : *poco sf*가 첫번째 박자 뒤에 붙어 있다. INT는 앞에 두고 있는데 *poco*를 빠뜨림.

[102] (하) MUT : 이음줄을 빠뜨림(INT는 실수로 둘째음 eses부터 이것을 걸침).

[103] (하) MUT, INT : 세번째 박자 다음의 ces² 16분

음표에 걸린 작은음표 des²의 위치가 부정확하다.

☐104 (상) MUT, INT : 내성의 두번째 박자 마지막 16분음표 as¹에 ♭을 빠뜨림.

☐105 (하) MUT : 첫 16분음표 2개에 이음줄이 없다.

☐106 (상) ALP : 첫번째 박자 내성의 마지막 16분음표 deses²를 d²로 오기.

☐111 INT : *molto riten.*의 *molto poco sf*와 ⸺ 에서 2개의 *poco*를 빠뜨림.

MUT : 첫번째 *sf*에 이어지는 ⸺ 를 >로 오기.

☐112 ALP : 여기에서는 마디의 마지막 ⸺ 를 상단 위쪽으로 옮기지 않음(☐95 ☐96 참조).

INT : 상하 양단의 *ppp*를 *pp*로 쓰고 있다.

☐112 (상) INT : 소프라노 세번째 박자 다음의 16분음표 h²에 붙은 작은음표 cis³를 빠뜨림

☐112 (하) 원래 첫번째 박자 다음의 a¹ 및 세번째 박자 다음의 a¹ 아래에 *Ped.* 지시가 있었는데, 이와 동일한 곳과 맞추어 삭제.

☐114 (하) MUT, INT : 이음줄이 마지막에서 두번째 음표 d² 앞에서 끝나고 있다.

☐115 모든 판에서 세번째 박자 앞의 *sf* 위치가 불확실하다. MUT, ALP에서는 이것이 하단 내성에 붙은 것으로 보인다. 본서에서는 이것을 상단 위쪽으로 옮겼다.

☐116 (상) MUT, INT : 첫번째 박자의 작은음표군에 붙은 *sf* ⸺ 의 위치가 부정확하고, 음표와 너무 떨어져 있다(☐118 의 ⸺ 도 같음).

☐117 INT : 첫번째 박자 앞에 *sf poco.*

☐117 (하) MUT, INT : 베이스 성부의 이음줄을 빠뜨림. INT에서는 마디 끝의 낮은음자리표를 빠뜨림.

☐118 INT : *ppp*를 *pp*로 바꾸고 있다.

☐118 (하) MUT : 내성의 이음줄을 빠뜨림. 단, 첫째음 B₁과 다음 F를 묶은 짧은 이음줄 및 *legato* 지시가 있다.

☐119 (상) MUT, INT : 2분음표에 점을 빠뜨림.

☐119 (하) 내성의 이음줄이 INT에서는 둘째음부터 시작되며, MUT에서는 ☐120 의 첫째음까지 이어지고 있다.

☐120 (상) 모든 판에서 *dolcissimo* 다음에 기입되어 있는 *a tempo*를 마디 첫머리로 옮김.

MUT, INT : 두번째 박자에 이음줄을 빠뜨림.

☐120 (하) INT : 둘째음 b와 다음 B 사이에 두어야 할 낮은음자리표 위치가 부정확함.

☐121 (상) MUT, INT : 첫번째 박자 2분음표에 점이 없다.

MUT : *ppp*가 실수로 첫번째 박자 앞에 붙어 있다(INT에서는 이것을 생략).

☐122 (하) MUT : 베이스 성부의 이음줄을 빠뜨림. 또, 테너 성부의 이음줄이 마디 끝에서 끝나지 않았다.

☐123 (상) ALP에 따라서 세번째 박자의 둘째 16분음표에 *sf*를 보완.

☐123 (하) MUT : 두번째 박자 앞과 뒤의 *sf*의 위치가 부정확하다(뒤에 붙은 것은 INT, ALP에서도 같음).

MUT, INT : 세번째 박자의 셋째 16분음표에서 겹음 d²에 ♮을 빠뜨림.

☐124 (하) MUT, INT : 베이스 Es에 하향 4분음표 기둥이 없다.

☐125 (상) 모든 판이 두번째 박자 첫째음에서 화음의 d²에 ♮을 빠뜨림.

☐127 (하) MUT : 첫부분 2개의 16분음표에 이음줄을 빠뜨림.

모든 판 : 두번째 박자 제2의 16분음표 des¹을 f¹으로 오기

☐129 원래 보표 중앙에 놓여 있던 *poco sf*를 상단 위쪽에 옮김. INT는 이 지시를 빠뜨림.

☐129 (상) INT : 내성 두번째 박자의 16분음표 g¹을 8분음표로 오기.

☐129 (하) INT : ⸺ ⸺ 를 빠뜨림.

☐130 원래 보표 중앙에 놓여 있던 *pp* ⸺ 를 상단 위쪽으로 옮김.

☐135 (상) INT : 첫번째 박자 내성의 세번째 16분음표 ges¹에 실수로 불필요한 상향 8분음표 꼬리를 붙임.

☐138 (하) MUT, INT : 첫번째 16분음표에 이음줄이 걸려 있지 않음.

☐143 (상하) MUT, INT : 내성의 이음줄을 빠뜨림.

☐143 , ☐145 (상) ALP 이외의 모든 판 : 두번째 박자 첫째음 cis²에 ♮을 빠뜨림.

☐145 MUT, INT : 2번째 박자에 ⸺ 를 빠뜨림.

☐147 (하) MUT : 베이스 3번째 박자에 4분쉼표를 빠뜨림.

☐150 INT : 첫번째 박자에 *ff* 대신에 실수로 *sf*.

☐153 (상) MUT, INT : 세번째 박자에 걸리는 제1의 작은음표에 화음의 a²를 g²로 오기

☐154 (상) ALP : 마디 마지막의 16분음표 a² – a³를 c³ – a³로 오기.

☐155 ☐156 원래 상단에 있었던 두번째 박자 다음의 c², 세번째 박자 앞의 h¹, 다음의 a¹을 각각 하단

에 옮김(206, 207에서도 같음).

156 (상)　MUT, INT : 세번째 박자 제1의 화음 g²에 ♮을 빠뜨림.

157 158　INT : 두번째 박자 뒤와 세번째 박자 뒤에 sf를 빠뜨림(158에서는 MUT에서도 같음).

157 158 (상)　세번째 박자 제1의 화음이 h¹에는 본래 하향의 독립 16분음표 꼬리에 붙어 있었지만, 잘못 읽을 위험이 있기 때문에 여기에 g²와 공통의 상향 꼬리를 부여했다. 또, MUT, INT에서는 이 g²에 ♮을 빠뜨림.

157 158 (하)　MUT, INT : 세번째 박자 둘째 16분음표 g¹에 ♮을 빠뜨림.

158 (하)　INT : 마디 후반에서 베이스의 이음줄을 빠뜨림.

159 (상)　MUT, INT : 첫 16분 화음을 8분으로 오기.

163 (하)　원래 첫번째 박, 두번째 박의 앞 하단 아래쪽에 놓여 있는 f를, 각각 16분쉼표에 이어지는 베이스 E의 16분음표에 붙는 것으로 보고 위치를 정정. INT, ALP에서는 이것을 삭제.

164　원래 두번째 박자 앞에 기입되어 있던 ff를 뒤로 옮김.

164 (상)　모든 판에서 세번째 박자 셋째 32분음표 g²에 ♮을 빠뜨림.

164 (하)　ALP : 첫번째 박자 셋째 16분음표에서 겹음 e¹을 빠뜨림(165에서도 같음).

165　원래 세번째 박자 앞 하단 아래쪽에 기입되어 있던 sf를 악보 중앙으로 옮김(166에서도 같음).

165 (상)　MUT, INT : 세번째 박자 내성의 셋째음 g의 16분음표를 8분음표로 오기. 또 여기에 ♮을 빠뜨림.
　　　모든 판 : 마디 마지막에서 세번째 32분음표 g¹에 ♮을 빠뜨림(166에서도 같음).

167~170 (상)　MUT : 이 사이의 3번째 박자 겹음의 윗음에 실수로 아래음과 공통의 하향 8분음표 꼬리를 붙임.

169　원래 첫번째 박자에 쓰여 있던 cresc.를 삭제.
　　　MUT, INT : 소프라노 g²에 테누토 기호를 빠뜨림.

170 (상)　MUT, INT : 두번째 박자부터의 내성 아래쪽의 이음줄을 빠뜨림.

173 (상)　MUT, INT : 첫번째 박자에 테누토 기호를 빠뜨림.

180 (상)　MUT는 첫번째 박자의 h²에 테누토 기호, e²에 >를 붙임. INT에서도 이 테누토 기호를 빠뜨리고 >만 있다. 본서에서는 이 >를 테누토 기호로 바꿈.

181　원래 두번째 박자에 기입되어 있던 p를 ALP와 같이 첫번째 박자로 옮김.

181 (상)　MUT, INT : 첫번째 박자 내성에 테누토 기호를 빠뜨림.

182　INT : ppp를 pp로 바꾸어 쓰고 있다.

182 (상)　MUT, INT : 첫번째 박자 내성에 >를 빠뜨림.

183 (상)　INT : 소프라노 두번째 박자 다음의 h¹에 실수로 내성과 공통의 하향 16분음표 꼬리를 붙임.

183 (하)　MUT, INT : 베이스 세번째 박자 둘째 16분음표 e를 8분음표로 오기.

184 (하)　ALP : 베이스 A를 G로 오기.

186　MUT, INT : 상단 내성에 붙여야 할 2개의 ══ 를 실수로 하단 둘째~셋째음 사이 및 넷째~다섯째음 사이에 둠. 또, INT는 하단 베이스 첫번째 박자의 ══ 를 빠뜨림.

187 (상)　ALP : 첫번째 박자의 f를 빠뜨림.

187 (하)　MUT, INT : 첫번째 박자 베이스 A의 2분음표에 실수로 점을 붙이고 있다.

189 (상)　MUT, INT : 두번째 박자 둘째음부터 내성의 이음줄을 빠뜨림.

191 (상)　INT : 소프라노 첫번째 박자 다음의 g¹에 붙임줄을 빠뜨림.

191 (하)　MUT : 첫번째 박자 제3의 16분음표부터의 이음줄을 실수로 다음 음표에서 끝내고 있다. 원래 2번째 박자 둘째음의 밑에 기입되어 있던 Ped. 지시를 두번째 박자 앞에 옮겨 이와 같은 곳에 맞춤.

192 (하)　MUT, INT : 베이스 A의 4분음표에 불필요한 점이 있다.

193 (상)　MUT, INT : 내성의 이음줄이 두번째 박자 둘째음에서 끝나고 있다.

195　INT : pp를 p에 바꾸어 쓰고 있다.

197 (상)　INT : a tempo를 Tempo I로 씀. 또, 소프라노 두번째 박자의 이음줄을 빠뜨림.
　　　MUT : 두번째 박자에 ══ 를 빠뜨림.
　　　MUT, INT : 첫번째 박자 내성의 8분음표 d¹에 점을 빠뜨림. 세번째 박자의 sf가 하단에 걸린 것처럼 보인다(본서에서는 이것을 위쪽에 옮겼다).

198 (상)　첫번째 박자의 sf에 계속하여 작은 음표들을 위한 ══ 를 MUT는 >로 오기. INT는 실수로 이 ══ 와 내성 첫번째 박자 뒤에서부터의 ══ 를 혼동하여 한 줄로 정리하고

있다. 또, 양 판 모두 이곳 앞의 *sf* 위치도 꽤 부
정확하다.

199 (상) MUT, INT : 2, 3박자 내성의 이음줄을 빠뜨
림.

MUT, INT : 세번째 박자의 *sf*의 위치가 나쁘고,
하단에 걸린 듯이 보임.

200 (상) INT : 작은 음표에 붙여졌던 *sf* ══ 의
위치가 부정확. 또, 첫번째 박자 a의 점2분음표
를 점4분음표로 오기.

200 (하) ALP : 베이스 F를 A로 오기.

200 ~ 201 (상) 모든 판에서 16분음표에 스타카토를
빠뜨림.

202 (상) MUT, INT : 세번째 박자, 아래 성부의 e²에
서 des²에 걸쳐 불필요한 이음줄이 있다. 또, 두
번째 박자 뒤에서 시작하는 위아래 2줄의 이음
줄이 203 의 첫번째 박자 앞까지 이어지지 않
음(203 의 안쪽의 이음줄에 대해서도 같다).

204 ALP에 따라 두번째 박자 뒤에 *poco sf* ══
를 보완(INT는 이곳에 *sf*를 붙임). 똑같이 세번
째 박자 뒤에 *sf*를 보완.

204 (상) 원래 두번째 박자 다음의 최고음 f³에 붙여
져 있던 테누토 기호를 >로 바꿈. 또, 두번째 박
자 뒤 및 세번째 박자 뒤 내성에 >를 부가. INT
는 이곳의 위쪽 gis³에 붙어야 할 ♯을 실수로 a³
에 붙임.

204 (하) INT : 첫번째 박자 뒤에 걸리는 작은 음표
es²를 빠뜨림. 그 위에 계속해서 des²부터 두번째
박자 앞에의 이음줄을 빠뜨림(이 이음줄은
MUT도 빠뜨리고 있다).

MUT, INT : 세번째 박자 첫째 16분음표에서
겹음의 ges²에 ♭을 빠뜨림.

205 (하) INT : *pp subito*를 *subito*로 바꾸어 쓰고 있
다.

205 (상) INT : 두번째 박자 둘째음에서 끝나야 할
8⋯⋯ 를 실수로 이 마디의 마지막까지 걸치고
있다.

205 (하) INT, ALP : 베이스 dis²에 붙여졌던 *f*를 빠
뜨림.

207 (상) MUT, INT : 세번째 박자 제1의 16분음표에
서 화음의 g²에 ♮을 빠뜨림.

210 (상) MUT : 첫번째 박자 뒤에서의 이음줄을 빠
뜨림.

212 (하) MUT, INT : 베이스 두번째 박자의 화음 앞
에 낮은음자리표를 빠뜨림.

214 ~ 216 (하) 원래 첫번째 박자 뒤에서 내성의 2
음에만 걸려 있던 이음줄을 상단에 맞추어 두

번째 박자 앞까지 늘임.

215 (상) MUT : 첫번째 박자 뒤에서의 이음줄을 빠
뜨림.

216 217 이곳의 *poco sf*가 정확하게 어느 음에 해
당되는지 알 수 없다. INT와 ALP에서는 *sf*가 약
간 첫번째 박자 뒤에 와 있지만(INT는 217 에
*poco*의 지시가 빠져 있다), 초판에서는 확실하지
않다. 첫번째 박자 앞에 걸릴 가능성은 없다고
단정할 수 없음. 지금은 임시로 첫번째 박자 전
체에 걸리는 *rinf*의 의미로 해두자. ALP에서는
217 의 *sf*로 이어지는 ══ 를 빠뜨림.

218 (상) MUT, INT : 첫번째 박자 뒤부터의 이음줄
이 두번째 박자 앞까지 이어지지 않고 있다.

218 (하) MUT, INT : 마디 마지막의 겹음 fis²에 ♯을
빠뜨림.

219 (상) MUT, INT : 첫번째 박자 뒤에 걸리는 작은
음표의 cis³에 붙여야 할 ♯을 실수로 a²에 붙임.
또, 이 박자 마지막 겹음 fis²에 ♯을 빠뜨림.

220 (상) MUT, INT : 첫번째 박자 뒤부터의 이음줄
을 빠뜨림.

220 (하) INT : 두번째 박자 앞의 2음 gis¹과 e를 묶
는 이음줄을 빠뜨림.

221 이곳의 ══ ══ 는 원래 상단 위쪽과
아래쪽에 중복 기입되어 있었지만 INT는 하단
의 ══ 를 ══ 로 오기.

226 INT : 여기에 *a tempo*의 지시를 둠.

228 (상) MUT, INT : 두번째 박자 뒤부터의 이음줄
을 빠뜨림.

229 (하) MUT : 첫번째 박자와 두번째 박자의 이음
줄을 빠뜨림.

제3곡 〈에리타냐〉

자필보에 1907년 8월, 파리.

2 (상) MUT, INT : 첫번째 박자 뒤에 걸리는 작은
음표의 32분음표 꼬리를 16분음표 꼬리로 기입.
알베니스는 적어도 [이베리아]에서는 겹꾸밈음
을 언제나 32분음표로 쓰고 있다. 이하 이러한
종류의 오기 내지는 바꾸어 쓴 것에 대해서는
언급하지 않는다.

5 ALP에 따라서 두번째 박자 앞에 *sf*를 보완
(98 에서드 같음). 단, ALP에서 이것은 상단에
대한 지시로만 보임.

6 원래 두번째 박자 앞에 기입된 *f*를 *sf*로 읽음.
INT에서는 이것이 견해 차이로 첫번째 박자 마
지막음에 걸려 있다.

6 (하) 같은 음정인 99 에 맞추어 두번째 박자에
서 세번째 박자 아래쪽으로 이음줄 2줄을 보완.

7 (상) (이 마디의 점선을 무시하고 4박자로 계산)
2번째 박자 뒤는 ALP에 따라 *sf*를 보완, 또 세
번째 박자 다음의 화음 c¹에 모든 판이 ♮을 빠
뜨림(이상 전부, 100 (상)에서도 같음).

7 (하) ALP : (4박자로 세어서) 세번째 박자 첫째음
c에 붙여졌던 하향 16분음표 꼬리와 이어지는
16분쉼표를 삭제하고 있다(100 (하)에서도 같
음). 또, INT에서는 이 꼬리는 있지만 쉼표를 빠
뜨림.

10 (상) INT : 첫번째 박자 다음의 작은 음표(겹꾸
밈음)를 빠뜨리고 있다.

19 (하) INT : 두번째 박자 끝의 16분쉼표를 빠뜨
림. 또, 아래쪽의 *dolce, ma sonoro*의 지시를 빠뜨
림(이 판은 이런 종류의 지시를 자주 생략하고
있지만, 문제가 없는 한 지금부터는 지적하지
않는다).

20 (상) MUT, INT : 두번째 박자 뒤에서부터의
▬▬▬ 가 어긋나 앞에서 시작되고 있다.

20 (하) 이 마디의 1~2번째 박자 같은 음형에 붙여
졌던 이음줄이 여러 판에서 곳에 따라 제각각
이다. 여섯잇단음에만 이것이 걸려 있다든가 두
번째 박자 머리 음에서 끝나고 있지만, 본서에
서는 〈트리아나〉의 비슷한 부분에 맞추어 이음
줄을 여섯잇단음의 마지막에 붙인다.

21 (상) MUT, INT : 두번째 박자 다음의 화음 f²에
b¹과 공통의 16분음표 꼬리를 붙이지 않고 실수
로 h²와 공통의 8분음표 꼬리를 붙임. 또, 이곳의
*sf*에 이어지는 ▬▬▬ 를 두번째 박자 마지막
에서 끝내고 있다.
ALP : 세번째 박자 다음의 두 음에 ▬▬▬
를 붙임(22 에서도 같음).

23 (하) MUT, INT : 두번째 박자 다음의 화음 as¹을
f¹으로 오기. 더욱이 이 음에만 붙여야 할 상향
16분음표 꼬리를 실수로 c¹에도 붙이고 있다. 세
번째 박자의 B, b, b¹에 모든 판이 ♭을 빠뜨리고
있다.

24 (상) MUT, INT : 첫번째 박자 다음의 화음 g²에
붙임줄을 빠뜨림(INT는 25 에서도 같음).

25 (상) MUT, INT : 두번째 박자 뒤에서부터 세번
째 박자 처음까지의 ▬▬▬ 를 MUT는 두번째
박자 마지막까지로 오기. INT는 이것을 >로 오
인.

27 ALP에 따라서 원래 상단에 기입되어 있던 두
번째 박자 둘째음에서 세번째 박자 첫째음까지

의 16분음표 4개의 화음 및 겹음 중에서 d¹ – f¹,
es¹, b¹, as¹의 각 음을 하단으로 옮겼다(94 ,
143 에서도 같음).

28 (하) ALP : 세번째 박자 앞의 화음 f를 g로 오기.

29 이곳부터 36 까지의 각 마디에 기입된 *sf*는
ALP에 따름.

29 (하) 이 마디의 이음줄은 원래 음표의 아래쪽에
붙어 있었으나(38 까지의 비슷한 마디가 전부
같음) 모든 판에서 이것이 극히 허술하게 취급
되어, 베이스의 2분음표에서 4분음표로의 이음
줄로 오인되거나 빠져 있다. 본서에서는 이와
같은 실수를 피하기 위해 이들 이음줄을 모두
음표 위쪽으로 옮김.

30 (하) MUT : 첫번째 박자 앞과 두번째 박자 앞
에 불필요한 >가 있다(두번째 박자에서는 INT
도 같음).

32 (상) 원래 내성 두번째 박자 뒤 첫째음 des¹ 및 3
번째 박자 뒤 첫째음 b에 붙어 있던 >를 이와
같은 곳에 맞추어 삭제.
MUT, INT : 내성 두번째 박자 뒤에서부터 세
번째 박자 앞까지의 이음줄을 빠뜨림.

32 (하) MUT, INT : 제2, 제3박자의 ▬▬▬
▬▬▬ 를 실수로 세번째 박자에만 붙였다.

33 34 (하) INT : 실수로 첫번째 박자에 >를 붙
임.

35 (하) MUT, INT : 베이스 첫번째 박자의 4분음표
에 불필요한 점이 있음.

36 (상) MUT, INT : 세번째 박자 뒤 내성에 이음줄
을 빠뜨림.

36 (하) INT : 첫번째 박자의 베이스 F, ES에 각각
하향 8분음표 꼬리를 빠뜨림.

37 MUT : *sf ma non f*의 *sf*를 빠뜨림.

41 (상) MUT : 첫번째 박자 소프라노의 각 음에
실수로 알토와 공통의 하향 16분음표 꼬리를
붙이고 있다.
INT : 두번째 박자 뒤에서 화음 d²에 붙임줄을
빠뜨림.

43 (상) INT : 첫번째 박자의 첫 16분음표 c² – a² –
c³를 c² – f² – a²로 오기. 또, 두번째 박자 마지막
화음 a²에 실수로 ♯을 붙임.

44 (상) ALP : 첫번째 박자에 붙은 작은 음표의 첫
째음에서 화음 a¹을 c²로 오기.
INT : 세번째 박자 뒤 화음의 a²에 붙임줄을
빠뜨림.

45 (상) ALP : (4박자로서 셈) 두번째 박자 앞 화음
a¹ – c² – f² – a²의 f²를 e²로 오기.

| 46 | (상)　MUT, INT : 첫번째 박자 다음의 이음줄을 빠뜨림.

INT : 두번째 박자 뒤 및 세번째 박자 뒤에서 화음 a²의 붙임줄을 빠뜨림.

| 46 | (하)　MUT, INT : 첫번째 박자에 이음줄을 빠뜨림.

| 47 | (하)　MUT, INT : 세번째 박자 내성의 ——— 를 빠뜨림.

| 47 | 49 | 71 | (하)　종래의 판에서는 이들 마디 첫번째 박자에서 밟는 *Ped.*에 이어지는 ＊의 위치가 부적절하고도 통일되어 있지 않다. 본서에서는 이와 같은 곳에 맞추어 이것을 삭제했다.

| 49 | (상)　MUT, INT : 마디 첫 화음 es³를 c³로 오기. 또, 이곳의 *sf*에 이어지는 ——— 가 넷째 16분음표 앞에서 끝나고 있어, 첫번째 박자 마지막 a¹에 *p*가 있다. ALP에서는 이 ——— 를 빠뜨리고 셋째 16분음표에 *p*. 교정자는 이 ——— 는 첫번째 박자 전체에 붙는 것이 자연스러우며, *p*는 두번째 박자 앞에 두어야 할 것이 스페이스 관계로 약간 왼쪽으로 어긋났다고 판단된다.

| 51 | (하)　MUT, INT : 내성 첫번째 박자 뒤부터의 ——— 를 빠뜨림.

| 51 | 53 | (상)　MUT, INT : 2조의 ——— 위치가 전체적으로 오른쪽에 어긋나 있지만, *sf*는 거의 정확한 위치에 기입되어 있다. ALP는 두번째 박자 둘째음에 붙여졌던 *sf*를 모두 두번째 박자 첫째음에 옮기고 있지만 인정하기 어렵다.

| 52 | (상)　ALP : 세번째 박자의 16분음표 2개씩을 묶은 아티큘레이션 이음줄을 빠뜨리고, 이 박자 전체를 한 줄의 이음줄로 정리하고 있다.

| 52 | INT, ALP : 지시 *cédez*를 빠뜨림.

| 55 | 57 | (상)　MUT, INT : 첫번째 박자 뒤에서부터 3개의 16분음표에 걸쳐졌던 ——— 가 처음부터 둘째음에서 끝나고 있다. 특히 INT에서는 이것이 거의 >로 보인다.

ALP에서는 세번째 박자에 걸리는 작은 음표의 둘째음 c³와 본음표의 그것을 묶은 붙임줄을 삭제하고 c³를 다시 치도록 하고 있으나 찬성할 수 없다. 이곳에서는 아래쪽의 c²–es²를 다시 치는 것으로, c³는 누른 채 두지 않으면 안 된다.

| 56 | (하)　모든 판에서 〰의 위쪽 보조음 as¹을 나타내는 ♭을 빠뜨림. ALP는 이것을 작은 음표 2개로 바꾸어 쓰고 있으나, 이 판은 이 부분을 B－dur의 조표로 기보하였기 때문에 역시 ♭이 필요

하다.

| 58 | (상)　MUT, INT : 첫번째 박자 마지막 화음 as²에 실수로 ♮을 붙임. 또, 세번째 박자 다음의 2음에 붙여야 할 이음줄을 실수로 | 59 | 최초의 16분음표까지 연장하고 있다. INT에서는 이곳 하단의 이음줄에 대해서도 같음.

| 59 | (상)　MUT, INT : 첫번째 박자 첫머리부터 시작해야 할 붙임줄을 실수로 둘째음 c¹부터 붙였고, c¹에 불필요한 스타카토가 있다.

INT, ALP에 따라 세번째 박자에 붙어 있던 2개의 ——— 를 삭제. 이는 중복된 >을 잘못 읽어 발생한 실수라고 생각된다.

| 59 | (하)　MUT, INT : 첫번째 박자 뒤에서 시작하는 ——— 를 빠뜨림.

MUT, ALP에서는 두번째 박자 뒤에 ——— 를 기입하였지단 아마 실수인 것 같다. 본서는 INT에 좇아 이것을 ——— 로 고쳤다.

| 61 | (상)　모든 판에서 두번째 박자 제3의 16분음표 as에 ♭을 빠뜨림. 또, 하단 첫번째 박자 마지막 as¹에는 이것을 붙여야 할 것 같다.

| 63 | (상)　ALP : 첫번째 박자 제3의 16분음표 ges¹을 이 판에서는 fis¹에 기보하였지만, 여기에 ♯을 빠뜨림.

INT : 두번째 박자 앞의 2음에 이음줄을 빠뜨림.

| 64 | (상)　INT : 소프라노 세번째 박자 앞의 fes¹ 다음에 16분쉼표를 빠뜨림.

| 64 | (하)　MUT, INT : 세번째 박자 다음의 8분쉼표를 4분쉼표로 오기.

ALP : 마디 끝에서 두번째 16분음표 b를 이 판에서는 ais로 기보하고 있지만 여기에 ♯을 빠뜨림.

| 65 | (상)　MUT, INT : 소프라노 첫번째 박자에서 시작하는 이음줄이 es²에서 끝나고 있다.

| 66 | (상)　MUT, INT : 내성 첫번째 박자 최초의 2음에 이음줄을 빠뜨림.

| 66 | (하)　ALP : 두번째 박자 마지막 es¹을 이 판은 dis¹으로 기보하였지만, 이것에 ♯을 빠뜨림.

| 67 | 68 | 모든 판 : 상하 양단의 두번째 박자에 붙인 3개의 *sf* 위치가 부정확하고, 모두가 왼쪽으로 거의 16분음표 1개분씩 어긋나 기입되어 있다. ALP는 또 두번째 박자 다음의 2개의 >(하단의 화음과 상단 내성)를 빠뜨림.

| 68 | (상)　INT : 소프라노 세번째 박자 앞에 걸리는 작은 음표(겹꾸밈음)를 빠뜨렸다.

| 70 | INT는 이곳의 *rall.*을 *riten.*으로 고쳐 썼는데 이것은 적절하다.

ALP : 두번째와 세번째 박자 뒤에 *poco sf.*

INT : 두번째 박자 뒤에 *sf poco.* 세번째 박자 뒤에 *sf.*

71 INT에서는 *dolce* 앞에 *poco*로 되어 있는데 이해하기 어렵다. 이 판의 70 세번째 박자 다음의 *sf*에 계속되는 *poco*를 이곳에서 착각한 것인지?

71 (하) INT : 첫번째 박자 다음의 첫째음에 *sf*를 붙임.

MUT, INT : 내성 세번째 박자 첫째음 h에 ♮을 빠뜨림.

72 (하) INT : 베이스 세번째 박자의 4분쉼표를 빠뜨림.

73 (상) MUT, INT : 제1 화음의 h²를 a²로 오기. 또, 이 음과 세번째 16분음표에 >를 빠뜨림.

73 (하) ALP : 내성 세번째 박자에 ══ 를 빠뜨림.

74 (하) INT : 내성 첫번째 박자 다음의 둘째음에 이음줄을 빠뜨림.

75 (상) MUT, INT : 최초 2개의 16분음표에 이음줄을 빠뜨림.

75 (하) ALP : 이 판에서는 이곳의 조표를 A – dur로 하였기 때문에 세번째 박자 베이스 g에 ♮이 필요.

81 (상) ALP : 두번째 박자 제1화음의 a¹에 ♮을 빠뜨림. 이 판에서는 이 음을 하단으로 옮겼기 때문에 이 조치가 필요.

MUT, INT : 세번째 박자 첫째음에서 화음의 es³를 f³로 오기.

모든 판 : 마디 마지막 16분음표의 f²(및 f³)에 ♮을 빠뜨림.

82 (상) MUT, INT : 첫번째 박자 뒤 화음의 as²에 붙임줄을 빠뜨림.

83 ALP : 세번째 박자 다음의 *sf*를 빠뜨림.

83 (상) MUT : 세번째 박자 뒤 화음 as²의 붙임줄을 c³에서 다음의 as²까지의 이음줄로 오기.

84 (상) INT : 첫번째 박자 뒤에 시작하는 이음줄을 빠뜨림.

87 (상) MUT, INT : 첫번째 박자 마지막 16분음표에 불필요한 점이 있음.

88 (상) MUT, INT : 마디 마지막에서 두번째 16분음표에 >를 빠뜨림.

88 (하) MUT, INT : 베이스 두번째 박자 마지막에서 세번째 박자 머리까지의 붙임줄을 빠뜨림.

88 ~ 89 MUT, INT : 88 세번째 박자 뒤에서 시작되어 89 첫째음에서 끝나는 ══ 를 실수로 88 끝에서 끝냄으로써, 그 후 순차적

으로 어긋나 89 첫번째 박자 앞과 두번째 박자 앞부터의 2개의 ══ 를 오기. 초판에서도 본서와 같이 양 마디 사이에서 행이 바뀐 것으로 인해 이러한 미스가 발생했다고 생각된다.

89 (하) MUT, INT : 베이스 두번째 박자 다음의 8분음표와 16분음표를 묶는 붙임줄을 빠뜨림. 또, 세번째 박자의 베이스 B의 8분음표 직전에 놓여야 할 낮은음자리표를 실수로 세번째 박자 셋째음 앞에 놓음. 더욱이 내성 두번째 박자 마지막 ces¹과 다음의 des¹에 스타카토를 빠뜨림.

ALP : 세번째 박자 내성 첫번째 des¹ 다음에 오는 16분쉼표를 실수로 베이스 b와 B 사이에 둠. 또, 세번째 박자 뒤 내성의 deses¹을 이 판에서는 c¹에 기입하였으므로 여기에는 ♮이 필요하다.

INT : 베이스 마지막 16분음표 B를 90 의 첫째음과 묶은 붙임줄을 빠뜨림.

93 (상) ALP : 최초의 겹음 bb¹을 이 판에서는 a¹으로 기보했지만 여기에 ♮을 빠뜨림.

94 27 을 참조.

98 (상) MUT, INT : 소프라노 두번째 박자 앞에 > 대신에 스타카토를 붙임.

99 (하) INT : 두번째 박자 내성과 베이스의 2줄의 이음줄을 빠뜨림(ALP에서도 베이스의 이음줄이 없다).

100 (상) ALP : 마지막 화음의 e¹에 ♮을 빠뜨림.

101 102 (하) INT : 첫번째 박자 다음의 내성을 c¹부터 두번째 박자 앞의 g¹에 걸쳐 음표 위쪽에 이음줄을 보완하고 있지만, 102 에서는 아래쪽의 이음줄을 빠뜨림.

104 (하) MUT, INT : 첫번째 박자 다음의 8분음표에 점을 빠뜨림.

105 초판에서는 이곳에서부터 119 까지 주로 상단에 ══ ══ 를 비롯하여 각종 강약 기호가 누락되어 있다. 이것들을 ALP에 따라서 이와 같은 곳에 맞추어 보완했지만 너무 많기 때문에 거의 보고하지 않음(또 텍스트의 47 이하 참조).

106 (하) INT : 두번째 박자 내성의 4음에 걸리는 이음줄을 세번째 박자 첫째음까지 연장시키고 있다(108 110 (하)에서도 같음).

109 (상) MUT : 마디 최초의 2음에 이음줄을 빠뜨림.

110 (상) MUT : 두번째 박자 다음의 2음에 이음줄을 빠뜨림.

110 (하) MUT, INT : 베이스 두번째 박자 앞의 16분
음표 앞에 낮은음자리표를 빠뜨림.

114 (하) 모든 판에서 ∼의 위쪽 보조음 des²를 나
타내는 ♭을 빠뜨림.

115 (상) 모든 판에서 세번째 박자에 걸리는 작은 음
표의 첫 화음이 f² – c³ – f³이지만, 여기에 g²를
빠뜨렸을 가능성이 있다.

116 ∼ 118 (상) ALP는 이 사이에 다수의 *sf*를 기입
하였지만, 본서에서는 118 의 *sf* 2개에 대해서
만 ALP에 따랐다.

118 (상) 마지막 둘째음에 ALP에 따라 이음줄을 부
가.

119 (상) ALP : 두번째 박자 마지막 화음 ces³에 실
수로 ♮을 붙임. 또, 세번째 박자에 걸리는 작은
음표의 둘째음 f³와 본음표를 묶는 붙임줄을 삭
제하고 있지만 실수로 처리한 것임(55 , 57
참조).

119 (하) MUT : 세번째 박자 첫째음 앞에 낮은음자
리표를 빠뜨림.

120 (상) 마디 마지막 2음에 원래 붙여져 있던
══════ 를 ALP에 따라 ════ 로 읽음.

120 (하) MUT, INT : 두번째 박자 앞의 B에 하향 4
분음표 기둥을 빠뜨림.
ALP : 두번째 박자에 ════ 를 붙였지만 이
것은 상단에 관한 지시로 읽어야 할 것 같다.

121 (상) MUT, INT : 마디 마지막 2음에 이음줄을
빠뜨림.

123 (상) 원래 세번째 박자의 4음을 덮고 있던 음표
아래쪽의 이음줄을 이와 같은 곳에 맞추어 삭
제.

124 (하) 모든 판에서 내성 첫번째 박자 다음의 2음
에 ════ 를 빠뜨림.

125 (상) MUT, INT : 마디 최초의 2음에 이음줄을
빠뜨림.

125 (하) INT : 내성 첫번째 박자 다음의 d¹에 붙여
야 할 >를 ════ 로 오기.

125 ∼ 126 (상) MUT, INT에서도 ════
가 일체 기입되어 있지 않음. 본서에서는 ALP
에 따라 이것들을 보완.

126 원래 하단 아래쪽의 세번째 박자 뒤에 놓여져
있던 *sf*를 보표 중앙으로 옮김.
MUT, INT에서는 이 *sf*의 위치가 부정확하고, 어
느 음에 걸리는지 명확하지 않음.

126 (상) 모든 판에서 세번째 박자 뒤에 걸리는 작은
음표의 둘째음 g¹에 ♮을 빠뜨림.

127 (하) MUT, INT : 내성의 첫번째 박자 뒤에서부

터 시작하는 ════ 를 빠뜨림.

129 (하) MUT, INT : 베이스 첫번째 박자 둘째음(B)
의 8분음표와 다음의 16분음표 사이에 불필요
한 붙임줄이 있다.

129 130 (상) ALP에 따라서 첫번째 박자 뒤에서부
터의 ════ 와 세번째 박자 첫째음의 *sf*를 보
완.
ALP : 세번째 박자 제2화음 d¹ – es¹ – b¹을 f¹ –
g¹ – d²로 오기.

130 (하) MUT, INT : 베이스 두번째 박자 마지막 16
분음표에 >를 빠뜨림.

133 (상) ALP : 드번째 박자 제1화음의 e에 ♮을 빠
뜨림.

134 (상) ALP : 첫번째 박자 뒤 화음의 cis¹과 두번
째 박자 뒤 화음의 cis²에 실수로 ✗ 을 붙였고,
그 위에 세번째 박자 앞 화음의 c²에 실수로 ♯
을 붙임. 또, 이 마디 끝에 실수로 낮은음자리표
를 두었기 때문에 이 판에서는 135 ∼ 138 의
상단이 전부 낮은음자리표로 되고 말았다.

134 (하) INT : 세번째 박자 베이스에 *ff*의 지시를
빠뜨림.

136 (상) MUT, INT : 두번째 박자 위쪽의 ════
를 빠뜨림.

138 (상) MUT, INT : 소프라노 2, 3박자의 첫째음에
>를 빠뜨림.

139 (상) MUT, INT : 첫번째 박자 다음의 첫 16분음
표에서 화음의 es³를 d³로 오기.

143 27 을 참조.

143 (상) INT : 두번째 박자 마지막 16분음표와 다
음을 묶는 이음줄 및 >를 빠뜨림. MUT에서도
후자를 빠뜨림.

144 (상하) MUT, INT : 첫번째 박자 앞의 >를 빠뜨
림.

[나바라] (1909)

[초 판] [Navarra], MUT ca.1910
[자필보] 카탈루냐 도서관 음악 부문 소장, 바르셀로나
[출판보] INT, ALP 이외에 Unión Musical Española, E. B.
Marks Music Corp., Salabert, Ashley Publications
(Carlstadt, N. J.), Kalmus 등

작곡가의 죽음으로 인해 미완성에 그친 작품. 229

부터 254 까지의 26마디는 데오다 드 세바락크가 보
완한 것이다. 유작인 1 에서 228 까지에 대해서도
강약 기호나 이음줄, 그 외에 써넣은 것이 여러 곳에서
불충분하여(특히 [이베리아]에 포함되는 여러 작품과
비교하면), 치밀한 손질을 해서 빈틈없이 마무리되었다
고 생각한다.

　따라서, 교정자의 부가 보완도 이 작품에서 여러 곳
에 걸쳐 이루어져 텍스트 및 교정 보고에 그 전부를
명시하는 것은 불가능했지만, 중요한 포인트에 대해서
는 지면이 허용하는 한 자세히 언급하도록 노력했다.
특히 이 작품의 교정에 있어서 ALP의 이글레시아스의
탁월한 견해에 가르침 받은 곳이다.

1　　ALP : 템포 지시는 Allegro. non troppo를 삭제
　　하고 있다.

1 (하)　MUT : 두번째 박자의 As₁ – As를 중단에
　　기입하고 있지만 그 앞에 낮은음자리표를 빠뜨
　　림.

1 ~ 4 　ALP : 각 마디의 첫번째 박자에 테누
　　토 기호 대신에 >를 붙임.

5 , 7 　ALP : 두번째 박자의 이음줄을, 셋잇단
　　음을 묶는 괄호로 보고 있다.

5 , 9 　ALP를 제외한 모든 판이 *pieno*를 *piano*
　　로 오기. INT는 이것을 *p*고 고치고 말았다.

9　　원래 하단 아래쪽에 놓여져 있던 *p*를 보표 중
　　앙으로 옮김.

9 ~ 10 (상)　ALP : 각 박자 앞에서 뒤로 이음줄
　　을 붙임. 42 의 기보와 맞춘 것으로 생각된다
　　(189 ~ 190 에서도 같음).

12 (하)　MUT, INT : 두번째 박자 다음의 내성음 es¹
　　에 >를 빠뜨림.

12 , 14 (상)　ALP : 세번째 박자 다음의 겹음에
　　sf.

17　　ALP : 첫번째 박자에 *sf poco*. 또, 상단 첫번째
　　박자에 >를 붙임.

20 (하)　INT : 두번째 박자의 B에 하향 4분 음표
　　기둥을 빠뜨림.

22 (상)　ALP : 소프라노 세번째 박자 다음의 ges¹을
　　이 판에서는 fis¹으로 기입하였지만, 이것에 ♮♯을
　　빠뜨림(202 에서도 같음).

24 (상)　ALP : 두번째 박자 뒤 화음의 fes를 이 판
　　에서는 e로 기입하였지만 여기에 ♮이 필요
　　(204 에서도 같음).

28 (상)　ALP : 세번째 박자 뒤에 *sf.*

29 ~ 30 (하)　원래 첫번째 박자 앞에 기입되어 있
　　던 *Ped.*을 13 ~ 14 에 맞추어 첫번째 박자
　　뒤로 옮김.

33 (하)　ALP : 첫번째 박자 앞의 c를 이 판에서는
　　His로 썼지만 여기에 ♯을 빠뜨림.

34　　ALP : 하단 첫번째 박자 다음의 *sf*를 >로 바꾸
　　어 쓰고, 상단 두번째 박자의 *sf*를 삭제하고 있
　　다(214 에서도 같음).

37 ~ 38 　ALP : 37 첫번째 박자에 *sf*를 부가.
　　38 두번째 박자에도 이것이 없음.

39 (상)　MUT, INT : 첫번째 박자에 ～를 빠뜨림.

40 (상)　ALP : 두번째 박자 뒤 화음의 des¹을 이 판
　　은 cis¹으로 썼지만 여기에 ♯이 필요하다.

43 (하)　ALP : 두번째 박자 다음의 deses²를 상단에
　　옮겨 c²로 쓰고, 그 위에 이것을 44 첫번째
　　박자 앞까지 연장하였다. 따라서, 이 판의 44
　　상단 두번째 박자 앞의 겹음 des² = cis²에는 ♯이
　　필요하다(ALP는 45 (하)의 b¹에 대해서도 같
　　은 처리를 하고, 이들 마디와 같은 곳에 맞추었
　　다).

43 ~ 46 (하)　원래 각 마디 첫번째 박자 앞에 쓰
　　여져 있던 *Ped.* 지시를 11 ~ 14 와 맞추어
　　각각 첫번째 박자 뒤로 옮김(191 ~ 194 ,
　　207 ~ 210 에서도 같음).

49 (상)　INT : 소프라노 세번째 박자 앞의 es²를
　　fes²로 오기.

52 (상)　INT : 각 박자 다음의 16분음표를 전부 8
　　분음표로 오기.

53 (상)　MUT, INT : 세번째 박자 다음의 화음 ges³
　　에 ♭을 빠뜨림.

54 (하)　INT : 두번째 박자 다음의 b¹을 bb¹으로 오
　　기.

55　　ALP : 첫번째 박자에 *sf*를 빠뜨리고, 상단 첫번
　　째 박자에 > 대신 테누토 기호. 또, 두번째 박자
　　의 >를 삭제하고 있다.

58 (하)　MUT, INT : 2, 3박자의 8분음표에 각각 >를
　　빠뜨림.

59 (상)　MUT, INT : 소프라노 첫번째 박자의 f¹부터
　　세번째 박자 앞의 des¹에 걸쳐서 실수로 이음줄
　　을 붙이고, 내성 첫번째 박자의 셋잇단음을 위
　　한 괄호를 두번째 박자 첫째음까지의 이음줄로
　　하였다.

60 (상)　MUT, INT : 세번째 박자 앞의 as¹ – g²를
　　g¹ – g²로 한다.

61 (상)　MUT, INT : 첫번째 박자 내성의 셋잇단음
　　f¹, as¹, f¹을 es¹, f¹, es¹으로 한다.

62　　ALP에 따라서 원래 첫번째 박자에 쓰여져 있
　　던 *p*를 삭제.

69　　ALP : 첫번째 박자(상하단) 및 세번째 박자(상

단만)의 음가를 [♩♪♩♩]로 고쳐서 1 ~ 4 와 기보를 맞추었다(73 , 77 , 81 에서도 같음).

70 ALP에 따라 *sempre* 뒤에 *f*를 보완.

70 (상) MUT : 첫번째 박자 뒤에 16분쉼표를 빠드림.

75 ALP : 세번째 박자에 *sf*를 빠드림.

75 (하) MUT : 세번째 박자 des^{2}에 상향 8분음표 꼬리 대신에 실수로 4분음표 기둥을 붙임.

78 (하) INT : 첫번째 박자 F-c를 As-es로 오기.

83 (상) 모든 판 : 제1의 겹음 d^{2}에 ♮을 빠드림.

84 (상) INT : 세번째 박자의 화음 as^{2}에 붙여야 할 ♭을 실수로 g^{2}에 걸치고 있다.

87 (하) ALP, INT 이외의 판 : 마디 끝에 낮은음자리표를 빠드림.

95 (상) 모든 판에서 작은 음표를 f^{3}로 하지만 ♭ 붙이는 것을 잊어 fes^{3}로 확신함.
INT : 내성음 ges^2-ces^3 3개의 8분음표를 전부 4분음표로 오기.

95 (하) ALP : 두번째 박자 앞의 bb를 ces^{1}로 한다. 이쪽이 울림 면에서 안정되지만 지금은 채택하지 않음.

104 원래 여기에 쓰여져 있던 *fff* 지시를 삭제.

106 (하) MUT, INT : 두번째 박자 직전의 작은 음표 b를 d^{1}으로 오기.

107 원래 a tempo *poco meno da primo* [sic!]로 지시되어 있었지만 Tempo primo *poco meno che prima*로 정정.

108 ~ 109 (상) MUT, INT : 양 마디의 4화음을 연결하는 붙임줄을 빠드림.

111 (상) 원래 [♪♪]로 이음줄이 걸쳐져 있었지만, ALP에 따라 이것을 [♪♪]로 수정.

111 (하) ALP : 첫번째 박자 다음의 하향 16분음표 꼬리를 8분음표로 오기.

113 (중) ALP에 따라서 첫번째 박자 앞에 16분음표 b^{1}을 보완. 이것을 112 의 동음과 붙임줄로 연결.

116 (중) MUT, INT : 첫번째 박자 앞의 화음에 c^{3}를 빠드림.

119 (상) ALP : 최초의 작은 음표(화음) 중의 as^{2}를 f^{2}로 오기.

122 (중) ALP : 두번째 박자 다음 b^{1}의 하향 16분음표 꼬리를 점8분음표로 고쳐 쓰고, 154 등과 맞추어져 있다.

124 ~ 125 (상) ALP 이외의 모든 판 : 양 마디의 4화음을 연결한 붙임줄이 각각 불완전.

131 (중) INT : 두번째 박자에 걸리는 제2 작은 음표 d^{1}을 des^{1}으로 오기.

132 (중) MUT, INT : 첫번째 박자 앞 화음의 c^{3}를 빠드림.

134 (상) ALP : 두번째 박자를 des^2-es^{2}로 한다.

138 (상) ALP : 두번째 박자 화음에 b^{2}를 덧붙이고 있다(g^2-b^2-d^3-g^3).

141 (하) 원래 첫번째 박자 뒤에 쓰여져 있던 *Ped.* 지시를 삭제.
MUT, INT : 실수로 2번째 박자에 >를 붙임.

142 (상) ALP : 두번째 박자를 des^3-es^{4}로 한다. 또 세번째 박자 앞의 화음 des^2-d^2-es^2-fis^{2}를 이 판에서는 중간에 옮기고 있지만, 이것이 실수로 1옥타브 낮게 쓰여 있다.

144 (상) MUT : 두번째 박자의 화음을 점4분음표로 오기. 또, INT는 이것을 4분음표로 바꾸어 쓰고 있다.

145 (중) INT : 세번째 박자 화음의 b^{1}에 실수로 ♯을 붙임.

145 ~ 146 (상) MUT, INT : 화음 as^2-b^2-as^{3}의 붙임줄을 빠드림.

147 (중) INT : 두번째 박자의 2개의 16분음표를 각각 32분음표로 오기.

147 (하) MUT : 베이스의 옥타브에 붙임줄을 빠드림.

150 (상) ALP : 두번째 박자의 화음 des^{3}를 빠드림.

151 (상) ALP : 149 에서 시작하는 이음줄을 이 마디의 첫번째 박자까지 연장하고 있다. (이 판은 157 에서 시작하는 이음줄에 대해서도 159 의 첫번째 박자에서 이것을 끝내고 있다.)

153 (하) MUT, INT : 베이스 옥타브의 하향 점4분음표 기둥을 빠드림. 그 위에 MUT에서는 이 옥타브의 Des 붙임줄을 빠드림.

154 (상) MUT : 두번째 박자의 화음 ces^{4}에 ♭을 빠드림.

161 (상) ALP : *mf* 대신에 *sf*. 또, 163 에 *ff*로 되어 있지만 납득하기 어렵다.

166 ~ 167 (상) MUT, ALP : 마디선을 넘어 2개의 화음 es^{3}를 붙임줄로 연결하고 있지만, 이것은 166 세번째 박자 다음의 화음 es^{3}부터 167 첫번째 박자의 화음 g^{3}에의 이음줄을 잘못 본 것임.

169 (상) MUT, INT : 첫번째 박자의 화음 es^2-ges^2-es^{3}를 c^2-ges^2-c^{3}로 오기.

173 , 175 (하) INT : 첫번째 박자의 Fis$_1$~Fis에 각각 ♯을 빠드리고 있다.

176 (상) ALP에 따라 두번째 박자의 화음 e¹과 다음
의 화음 e¹을 붙임줄로 연결함.

176 (중) 모든 판이 두번째 박자에 걸리는 작은 음표
의 둘째음 a에 ♮을 빠뜨림.

177 (중) INT : 2번째 박자에 걸리는 작은 음표의
첫째음 eses¹을 es¹으로 오기.

177 (하) MUT : 베이스 두번째 박자의 점8분음표를
점4분음표로 오기.

178 (상) MUT : 세번째 박자의 8분음표를 16분음표
로 오기.

185 (중) 첫번째 박자 앞의 as¹에 상향 16분음표 꼬
리를 부가.

212 (상) 첫번째 박자 다음의 화음에 32 와 맞추어
as를 부가.

216 (하) 모든 판에서 세번째 박자 앞의 c¹을 des¹으
로 오기.

217 ~ 224 (상) 이 사이에서 원래 4마디씩을 덮는

이음줄과, 219 및 223 에서 시작해 행이 바뀐
다음 마디에 이음줄이 이어지지 않아 프레이즈
가 혼란스럽지만, ALP에 따라서 이들을 전부 2
마디씩의 이음줄로 정리했다. INT는 219 ,
223 부터의 이음줄을 모두 삭제하고 있다.

229 (하) MUT : 베이스 Fes의 붙임줄을 빠뜨림. 또,
두번째 박자 다음의 16분음표 ces¹을 실수로
des¹으로 하였다.

225 ~ 226 (중) ALP에서만 이 사이를 1옥타브 높게
기보하고 있다(작은 음표, 연주노트 참조).

226 (상) MUT, INT : 첫번째 박자 앞의 최고음 fes³
에 실수로 ♮을 붙임.

227 ~ 228 (하) MUT에서는 228 세번째 박자에만
>가 있지만, 본서에서는 이것을 삭제. INT는 이
2마디 사이의 모든 베이스 음에 >를 보완했음.

239 (상) MUT, ALP : 첫번째 박자의 내성음 c² – g²
의 8분음표를 4분음표로 오기.

연주 노트

- 알베니스의 기보를 둘러싸고 -

●알베니스의 기보(記譜)에 대한 문제점

〈이베리아〉는 세상에 발표된 이후 많은 피아니스트들을 괴롭혀 왔던 극히 어려운 곡이다. 이 작품이 연주자에게 요구하는 기량은 오늘날의 테크닉 수준으로도 완전히 만족시키기 어려울 정도로 어렵지만, 그 난해함이란 연주 기법상 어려움은 물론이고, 악보를 읽는 것조차 쉽지 않은 점에서도 찾아볼 수 있다.

이 곡집의 제1곡 〈에보카시온〉의 조표가 a♭단조-플랫이 7개라는 어마어마한 장식 자체가 벌써 도전자의 기세를 꺾기에 충분하지만, 알베니스는 적어도 〈이베리아〉에서, 한번 조표를 결정하면 곡이 어떻게 원격조로 조바꿈되어도 이것을 바꾸어 쓰지 않았기 때문에, 모든 음표에 임시 기호를 붙여 악보상 대단히 번잡하고 착각하기 쉬운 선입감을 부여한다.

〈이베리아〉 전 12곡 중에서 조표를 고친 곳은 2군데밖에 없다. 즉, 〈에보카시온〉 115 에서 a♭단조에서 A♭장조로, 〈세빌랴의 성체제〉 83 에서 f♯단조에서 F♯장조로, 또 〈엘 폴로〉는 단조의 조표를 가지나 조바꿈을 거듭하여 도중에 F♭장조 Fes-dur에 이르러서도 작곡자가 이것을 엔하모닉의 E장조로 바꾸지 않음으로 인해 더블플랫 투성이의 마디가 계속 이어진다.

〈라바피에스〉에서는 첫머리 주제가 재현되기 직전에 D♭장조 토닉의 46화음을 해결하는 B♭♭음 상의 독일 6화음이

나타나지만, 이 G음을 A♭♭로 기입함으로써 와 같은 기이한 현상과 조우하게 된다.

바로 E♭♭장조 Eses-dur 딸림7화음! (이 곡을 수록한 〈이베리아〉 제3권의 오기는 셀 수 없이 많지만, 그 원인은 위에서 설명한 기보법과 앗차카투라—2도의 인접음을 동반하는 화음, 뒤에서 설명—의 빈번한 사용에 있다).

오선보의 좌단에 조표를 기입하여 곡의 주요 조성을 나타내는 약속은 조바꿈이 비교적 적은 고전기 음악에 있어서는 귀중하였지만, 조바꿈이 많은 음악에서는 빈번하게 바꾸어야 할 필요성에 쫓긴다. 그럼에도 불구하고 낭만파 이후의 작곡가 중에는 이것보다 고전기의 기보 습관을 고수하려고 한 대가가 많았다. 대표적인 작곡가로는 쇼팽이 있다. 그의 작품 35의 b♭단조 소나타에 대한 유명한 비평 (1840년경) 중에서 슈만은 일찍이 다음과 같이 지적하고

있다. "쇼팽은 엔하모닉을 바꾸어 쓰고 싶어하지 않기 때문에 그 곡에는 자주 10개 내지는 그 이상의 샤프가 있는 마디나 음계를 볼 수 있다. 그가 그렇게 하는 것은 정당한 근거를 가진 면도 있지만, 때로는 이유 없이 사람 머리를 혼란에 빠뜨린다."[*1]

또, 알츄르 오네겔도 그의 저서 〈나는 작곡가이다〉[*2] 중에 폴 듀카스의 기보에 대해서 슈만과 똑같은 취지의 비난을 하고 있다. 그리고 이 폴 듀카스야말로 파리의 스콜라 칸토름에서 피아노 교사로 재직 중 알베니스에게 크나큰 영향을 준 인물 중의 한 사람이다.

쇼팽의 작품에 대해서는 헨레판이 원전 존중의 입장을 견지하고 있는 것에 대해, 파테레프스키판(版) 등은 해석의 편리를 도모하여 오리지널 텍스트에 손질을 해 많이 바꾸어 썼다. 그런데 알베니스에 대해서도 파테레프스키판과 같은 방침으로 이글레시아스가 교정한 ALP판이 1993년에 간행되었다. 이 판에는 딴 곳에서도 서술한 것처럼 〈에보카시온〉을 엔하모닉에서 바꾸어 g♯단조로 바꾼 것을 비롯하여, 〈이베리아〉의 전곡에서 조바꿈에 따라 조표를 고치거나, 임시 기호를 적극 생략하였다. 정말로 대담한 결정이라고 할 수 있지만 약간 신경을 거슬리는 점도 있다.

먼저 a♭단조를 g♯단조로 바꾸어 쓴 것에 대해서 말하자면, 피아노 음악이라는 평균율을 공용어로 하는 세계에서 a♭과 g♯은 피치 상에서는 동일 음이지만, 예를 들어 본서의 편집자처럼 유소년기에 현악기를 연주한 경험이 있는 사람에게는 g♯이 a♭보다 어떻게든 높게(예리하고 밝게) 느껴지며, 나아가 평균율에 의한 악기로 이것을 연주하는 데 있어서는 피치에 상관없이 음색이나 울림의 밸런스 내지 색조・뉘앙스의 선택이 미묘한 차이를 낳을 수 있다는 사실에서, 양자를 동일하게 느끼는 것은 정말로 어려운 일이다. 따라서, 만약 쇼팽의 작품 10의 5〈검은 건반〉의 에튀드가 F♯장조로 혹은 그의 〈뱃노래〉 작품 60이 G♭장조로 바뀌어 있다면 어색할 것이다.

게다가 그 관계에는 개인차가 있어 주관이 개입될 여지가 크지만, 어떤 조성에 특정 빛깔과 이미지를 결부시켜 느끼는 음악가도 많다고 한다. 만약 알베니스가 이러한 타입의 음악가였다면 가볍게 텍스트를 바꾸어 쓰는 것 역시 경계해야 하지 않을까?

이상이 어찌됐든 악보 읽기가 쉬워졌다고는 하나, 〈에보카시온〉을 g♯단조로 바꾸어 쓴 것에 관해서 무조건적으로

찬성할 수 없는 이유이다. ALP판에 대해 지금 주문을 한다면 더블 샤프나 더블플랫을 피하려고 한 나머지 약간 무리한 기보 방법을 채택하였다는 점을 지적할 수 있겠다.

예를 들면 이 판에서는  를 으로 기보한 예가 많은데, 기능적으로 읽는 사람에 있어 이 두 가지는 동일하지 않다. 왜냐 하면 전자는 불협화음으로서 해석하고, 후자는 협화음으로 듣기 때문이다. 〈이베리아〉가 선법을 많이 사용하고 있다고 하지만, 기능 화성의 음악인 한, 이러한 기보의 바꿈은 피해야 하지 않겠는가?

본 춘추사판은 헨레판과 입장을 같이 하여, 초판 이래 아직까지 완전한 모습으로 간행된 적이 없는 〈이베리아〉에서 잘못된 곳 외에는 가능한 한 정확한 오리지널 텍스트를 제공하는 것을 원칙으로 하여 수정을 최소화했다. 악보를 읽기 곤란한 것은 앞에서 설명한 작곡자의 기보 습관이나 독특한 음조직에 대한 이해의 폭을 넓히는 것으로 가능하고, 또 어느 정도까지는 습관화하는 것도 중요하다.

● 음조직——선법

알베니스에 있어서 스페인 민속 음악적 요소 — 각종 가무의 리듬이나 선법에 대해서는 곡목 해설에서 설명하였기 때문에 중복을 피하고 싶으나, 이 작곡가의 음조직을 이해하는 데 프리기아조(Phrygian mode)를 설명하지 않을 수는 없다. 이 선법은, 예를 들면

와 같은 음계 한 줄로 어느 곳에서도 스페인풍의 정서를 빚어낸다. 프라기아조는 알베니스 중기의 작품에서와 같이 〈이베리아〉에서도 중요한 역할을 하고 있다.

①
②
③
④

장음계 ①의 6도음을 반음 낮추면, 몰듀아(화성적 장조) ②가 얻어져, 그 위에 7도음이 6도로 견인되어 반음 내려가면 ③의 선법이 된다. 그리고 ③은 프리기아조 ④와 위쪽 4음이 공통이다. 또, 대단히 흥미로운 것은 장음계의 음정 관계를 그대로 반진행으로 만든다면 프리기아조의 하강 음계가 얻어지지만, 아래와 같은 D를 주음으로 한다면 건반 상의 키의 배열법까지가 완전히 거울에 반사되듯이 좌우 대칭이 된다.*3

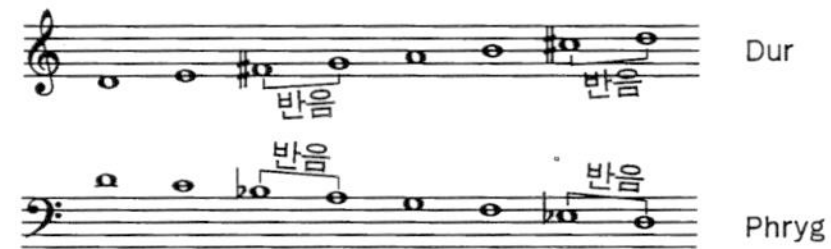

즉, 프리기아조라는 것은 '뒤집혀진 장음계'라고 할 수 있다. 장조의 상행 이끎음과 프리기아의 하강 이끎음은 똑같은 견인력을 가지고 있다. 알베니스는 이러한 미묘한 것에 통달하였던 것으로 생각된다. 이 작곡가가 Dur · Moldur · Phryg. 사이를 자유자재로 왕래하며 쉽게 이것들을 조작하는 수완은 놀라울 정도이며, 그 중에서도 화성의 활용에 있어서는 하늘에서 준 멜로디라고밖에 말할 수 없을 정도로 탁월하여 〈이베리아〉의 눈부신 색채의 비밀을 알 수 있는 하나의 예이다. 몰듀아, 프리기아라고 말하면 누구나 떠올리는 것이 브람스지만, 알베니스는 그의 음악을 어느 정도 알고 있었을까? 같은 음 소재를 사용하면서도 두 작곡가의 음악에는 얼마나 큰 차이가 있는가!

프리기아 외에도 〈이베리아〉에는 에오리아, 믹소리디아 때로는 로크리아 등의 선법이 사용되어 있지만, 온음 음계 화성이 중요한 구실을 하고 있는 것도 빠뜨려서는 안 된다. 이것은 대개 증6도의 기능으로 사용되며, 예를 들면 〈엘 푸에르토〉나 〈론데냐〉에서는 토닉의 46 위에 주제가 복귀하기 직전에 놓여 클라이맥스로 치닫게 큰 힘을 발휘하고 있다.

● 앗차카투라(2도의 인접음)

〈이베리아〉의 음조직에 대해서 프리기아조와 더불어 중요한 것으로 2도의 인접음이 있다. 편집자는 이것을 고도로 진화한 앗차카투라의 일종으로 간주하고 있다. 앗차카투라는 D. 스카를라티의 쳄발로 작품에 빈번하게 나오지만, 원뜻은 '분쇄, 압쇄, 부딪혀 부서지는 것'으로, 1개 내지는 여러 개가 2도에서 인접하는 음을 동반하여 날카롭게 작열하는 화음이라고 정의해도 좋을 것이다.

〈세빌랴의 성체제〉 12 (하)

동곡 40 ～ 41 (하)

내지는 〈말라가〉 64 (상)

등이며, 예리한 악센트로 음악을 긴장시키는 역할을 담당하고 있다. 이 중에서도 가장 통렬하고 격렬한 것이 주음의 위아래를 각각 단2도로 둘러싼 와 같은 형태이

다. 〈라바피에스〉 154, 155 에서, 지금까지의 모든 판에서 깨닫지 못했던 중대한 임시기호의 누락은 이러한 알베니스의 앗차카투라의 특성을 이해한 교정자와 같은 시각으로 본다면 간단히 발견할 수 있었을 것이다.

● 건반 상의 양손 배치와 운지법에 대해서

'두 마리의 거미가 결투하고 있는 것 같다….' 이것은 누군가 〈이베리아〉의 연주를 들은 사람이 한 말이라고 한다. 실제 알베니스만큼 양손을 건반상의 동일 음역에서 겹치게 하는 기법을 좋아한 작곡가도 없다(그에 뒤이어 라우엘에도 이 경향이 현저하지만). 그리고 이 기법이야말로 〈이베리아〉에 도전하고자 하는 피아니스트가 직면하는 연주 기교상 가장 곤란한 부분이다. 이것은 물론 작곡가가 원하는 울림의 질이나 밸런스 혹은 색채 등과도 밀접한 관련이 있지만, 알베니스가 이러한 귀찮은 기법을 택한 동기는 피아니스틱한 어려운 기교에 대한 관심―즉, 곤란한 과제를 극복한다든지 복잡하게 얽힌 퍼즐을 푸는 것과 같은 즐거움―이 얽혀 있었던 것으로 생각된다. 즉, 〈이베리아〉는 난해한 피아노 기교를 구사하려는 피아니스트에 대한 알베니스의 선물인 것이다.

예로부터 D. 스카를라티의 도약 기교와 결부된 양손의 교차나 좌우 보표의 교체 내지는 슈만의 작품에서 자주 볼 수 있는 내성부끼리의 음역의 교차 등의 선례는 있지만, 알베니스처럼 이 기법을 철저하게 추구하여 특유의 피아니즘까지 발전시킨 예는 드물다. 좌우 엄지손가락끼리의 교차에서 손 전체가 겹치게 하고, 또한 양손을 교차시킨 상태에서 다섯번째 손가락만을 교차시키는 등 그 겹치는 방법도 여러 가지이며, 쳄발로와 같은 2단의 건반을 연상시키는 부분도 많다.

극단적인 예로는 〈헤레스〉의 21 이후의 몇 마디, 여기에 나오는 3화음 중, 상하 2음을 오른손이 레가토로 치고, 가운데 음만을 왼손이 스타카토로 연주하는 아크로바트가 요구되고 있다. 이러한 부분을 연주해 내려면 운지법의 선택이 무엇보다도 중요한 포인트가 된다는 것은 말할 필요도 없다.

양손이 겹쳐서 만나면 엄지손가락의 사용이 제약을 받는다. 어느 손을 위에 놓을까, 또는 그 반대로 할까, 건반의 깊숙한 부분을 칠까, 아니면 반대로 할까 등 그 전후 동작과의 관계를 생각하여, 문자 그대로 숙고할 필요가 있다. *Sopra*나 *Sotto*의 어느 쪽이든 결정할 수 있다면 조금 나은 편이다.

예를 들면 〈엘 푸에르토〉의 150 이나 153 에서는 그리 간단하지 않다. 작곡가의 오리지널 운지법에 따른다면 이것을 허용하는 손가락의 배치는 단지 한 가지뿐이다. 다

시 말해, 이들 마디에서는 왼손의 제1손가락은 오른손의 제1손가락 위, 제2손가락의 밑에 온다. 또, 네 손 연탄을 쳐 본 적이 있는 사람은 이해할 수 있을 것으로 생각되는데, 프리모의 왼쪽과 세컨드의 오른쪽이 서로 영역을 침범할 때 생기는 트러블과 같은 상황이 좌우 양손 사이에서 발생한다.

즉, 한쪽 손이 사용하고 있는 키를 다른 손이 다른 용도로 동시에 또는 연달아 필요로 하는 경우, 먼저 그 키를 점유한 손이 어떤 타이밍으로 다른 쪽 손에 넘겨주어야 좋을 것인가 하는 문제이다.

ALP는 이와 같이 양손이 부딪치는 것을 경감시키기 위해 보표의 음을 철저하게 배분해서 텍스트를 완전히 새롭게 고쳐 쓴 판이다. 이것은 대단한 작업이었음이 틀림없다. ALP판을 오리지널 텍스트와 병용한다면 매우 큰 도움이 된다. 단, 이 판은 어디까지나 연주상의 편의를 도모하는 데 이용해야 하고, 전적으로 의지하는 것은 위험할지도 모른다.

왜냐 하면 오리지널 텍스트에서 양손의 역할은 차원을 달리하여 한쪽 보표가 주(전경), 다른 쪽이 종(배경)이라는 식으로 나누어 사용한 케이스이나, ALP에서는 상호 보표에 역할을 다르게 하는 음표가 가득 섞여 있다든지, 내성부의 선이 위아래 양단에 분산되어 그 사이를 빈번하게 왕래하고 있기 때문에, 때로는 이것을 읽어 나가는 것이 곤란해 스코어 전체의 투시도를 한눈에 볼 수 없는 경우가 많기 때문이다.

또, 피아니스틱한 프레이즈나 패시지 중에는 오로지 오른손 내지는 왼손을 위해 구상된 것도 있고, 손을 바꾸어 연주하면 어색해지는 것도 있지만(쇼팽의 에튀드 등), 이러한 관점에서 본다면 ALP의 교정에는 손가락의 교차를 싫어한 나머지 약간 강제적인 면도 있다.

〈이베리아〉의 운지를 결정하는 것은 이상에서 살펴본 바와 같이 대단히 어려운 일이다. 솜씨가 좋은 피아니스트들 중에는 아무리 어렵다고 해도 오리지널 텍스트대로 양손의 배분을 바꾸지 않고 연주하고 싶은 사람도 많을 것이다. 등산가는 일부러 어려운 등반 루트를 선택하지, 헬리콥터로 정상에 오르는 것을 좋아하지 않는다.

본서에서는 가능한 한 오리지널에서의 양손의 배분을 존중하고, 어쩔 수 없는 경우에만 다른 곳에서 도움을 빌리는 절충 방식으로 운지를 붙였다. 손가락 사용법을 모색하는 것은 원래 〈이베리아〉를 연주하는 즐거움의 한 부분이다. 그것은 새끼줄에 묶인 손을 생각하게 한다든지, 퍼즐을 푼다든지 하는 기쁨과 상통하는 면이 있다. 모처럼 알베니스가 제시한 재미있는 수수께끼에 대해 편자가 일부러 힌트를 주어 정답을 암시한 듯한 결과를 초래하지나 않았는지 염려된다.

●페 달

　페달 지시에 관해서는 오리지널의 지시만을 기재했다. 교정자에 의해 실수로 인한 정정이나 탈락 부분의 보완에는 [　]를 붙였지만, 이것들은 주로 음정이 같은 곳에서 유추한 것으로 꼭 편자의 실제 페달링과 일치하는 것은 아니다.

　알베니스는 가끔 페달 밟는 위치만을 기입하고 떼는 기호는 쓰지 않았다. 또, 동일 음형에 이유 없이 다른 페달링을 붙인 부분도 눈에 띈다. 때로는 앞뒤 일관성이 없지만, 본서에서는 특별한 케이스를 빼고 이것들을 바꾸어 쓰지 않았다. 〈트리아나〉 첫머리의 페달 지시는 아무리 생각해도 이상하나, 이러한 부분에 대해서는 연주 노트 해당 곡목에서 편자의 견해를 피력하였고, 텍스트에는 오리지널 그대로 두었다.

　상기와 같은 알베니스의 페달 지시에 가끔 보이는 느슨함은, 아마 작품 완성 후 인쇄에 들어가기 전에 급히 이것을 써 넣었기 때문에 발생한 것으로 추측된다(베토벤의 작품 27의 2 〈월광〉 소나타 마지막 악장의 자필보를 보면 이해할 수 있을 것이다). 약음 페달 지시에 대해서는 petite pédale*4, avec la petite pédale*5, sourdine, *una corda*, *une corde*, ped. de piano, 2 *Ped*(=본서에서는 2🜪, 이것은 좌우 양쪽의 페달을 밟으라는 지시), deux pédales(전과 같음) 등 여러 가지로 산만하지만, 이것도 오리지널 그대로 둔다. 초판에는 자필보에 없는 프랑스어가 많은데, 이것은 약음 페달에 관한 지시 중 교정할 때 가필되었을 가능성이 있다. 만약 이것들을 통일시킨다면 작품 성립의 경위를 조사할 때 필요한 단서를 잃어버릴 우려가 있다. 2*Ped*., 2*Ped*.……와 같이 이 지시가 반복되어 기입된 경우에는, 물론 약음 페달을 밟은 채 오른쪽 페달만을 바꾸어 밟는다. 단, 알베니스의 기입은 일정하지 않고, 명백하게 약음 페달을 계속해서 밟고 있을 필요가 있음에도 불구하고 2*Ped*., *Ped*.라고 기입되어 있는 곳도 많다. 또, 드물게 *céfeste*라고 기입되어 있는 것도 있지만(〈엘 알바이신〉) 서구에서는 *pédale céleste*로 약음 페달을 의미하는 경우가 있으므로 주의하기 바란다.

●강약 기호

　알베니스는 프랄트릴러를 ∿ 내지는 🜪 와 같이 기보하고 있다. 이것들은 거의 예외없이 고전과는 반대로(거꾸로) 박자의 직전에서 매우 빠르게 쳐진다. 많은 출판악보에서는 자주 이것들을 🜪 로 바꾸어 쓰고 있지만(혹은 오기일지도 모름), 작곡가는 이것이 천천히, 흐릿하게 연주되어서는 곤란하므로 일부러 32분음표로 기입했던 것이다.

또, *stacc*.에 자주 *sec*라고 부기되어 있지만, 이것도 짧게 여운을 남기지 않도록 예리하게 끊을 것. *sf*는 때로는 *rinfz*.의 의미로 사용되어 한 음이 아닌 여러 음을 강조하는 경우가 있다. 예를 들면 〈에보카시온〉 67 이나 69 의 *sf. poco sf*는 본서에서는 일단 첫번째 박 앞에 표기했지만, 다음의 오른손 음에도 유효한 듯이 느껴진다.

　알베니스의 다이내믹 렌지는 실은 *ppppp*에서 *fffff*까지 미치는 만큼, *pp*나 *ff*를 보고 극한치로 생각해서는 안 된다. 단, *pppp*와 *ppppp* 사이에 어느 정도 차가 있는가 하는 것은 상당히 주관적이기 때문에 한 마디로 대답할 수 없다. 절대적인 음량을 나타낸다기보다는 음색이나 음질상의 차이를 포함한 지시라고 생각하는 편이 좋을 것이다.

*1 슈만 〈음악과 음악가〉, 요시다 히데카즈 역(岩波文庫)

*2 알츄르 오네겔 〈나는 작곡가이다〉, 요시다 하데카즈역(音樂之友社)

*3 A♭=G♯를 주음으로 반진행을 만들어도 같은 결과가 초래되지만, 악보 예가 D음일 때만큼 간단하지 않기 때문에 생략했다.

*4,*5 이들 지시는 강음 페달(우)의 사용을 제한하는 경우에도 채용하고 있다. 즉, '짧게 밟고' '계속해서 밟고 있지 말 것' 이라는 뜻.

[이베리아] 제3권

제1곡 〈엘 알바이신〉

　드뷔시에 의해 높게 평가된 작품. 이 곡은 화성면에서의 참신함이 특히 프랑스 작곡가를 매료시킨 것으로 생각된다. 〈이베리아〉 제3권에 수록되었던 3곡에는 화성 언어상에서 공통된 큰 특색이 있다. 그것은 연주노트 서문에서 바로크 시대의 용어를 빌려 '진화된 앗차카투라'로서 언급했던 비화성음, 즉 2도의 인접음이 매우 독특한 방법으로 활용된 것으로, 이것은 당시 사람들의 귀에는 아마 수수께끼 같은 대담한 불협화음으로 들렸음에 틀림없다.

　악보 예 1a는 〈엘 알바이신〉 108 ～ 111 에서 발췌. 1b는 그 화음 진행의 골격이다. 양자를 잘 비교해 보기 바란다.

이 작품의 이들 2도는 선적인 기법에 있어서 복수의 계류음이 충돌한 결과 생긴 것이지만, 수직적인 화성으로서 받아들이자면 넓은 의미의 앗차카투라라고 생각할 수 있다. 악보 예 2a는 ⎍116⎍ 의 발췌이다. 2b와 같은 비화성음을 작은 음표로 바꾸어 쓰면 이곳 2개의 2도의 겹침은 간단히 해명된다.

악보 예 3은 ⎍250⎍ 이지만, 이것을 G♭장조와 F장조 토닉의 복조로 보는 것은 착각이고, F를 주음으로 하는 프리기아조(3도음을 반음 높임. 나중에 설명)의 음계를 수직으로 정리한 것에 불과하다. 이것을 악보 예 2b와 비교해 볼 것. 이것 또한 알베니스풍 앗차카투라의 변화라고 생각할 수 있다.

그런데 곡은 기타의 가벼운 터치를 모방하여 *ppp*에서 시작된다. malinconico '멜랑콜릭하게, 우울하게'. 이 단어에 대해서는 교정보고 참조할 것. petite pédale et très estompé, petite pédale은 이곳에서 '오른쪽 페달을 절약하고, 아주 약하게 사용하여'란 의미와 '약음 페달을 밟고'의 양쪽 뜻으로 사용되고 있다. estompé는 '윤곽을 애매하게'.

⎍5⎍ *toujours nonchalant, uniforme et mélancolique* '언제나 장난스럽게, 단조롭게 또 멜랑콜릭하게'.

편자는 ⎍1⎍ ~ ⎍23⎍ 사이를 양손의 엄지손가락을 일체 사용하지 않고 치고 있다. ⎍1⎍ ~ ⎍28⎍ 은 *sempre ppp*로 누르고 있듯이. 그 후 ⎍33⎍ 의 *pp*부터 ⎍49⎍ 의 *fff*까지가 한 줄의 *cresc.*이다.

⎍1⎍ ~ ⎍68⎍ 까지의 기법의 취급 방법에는 작은 트릭이 있다. 먼저 시작은 B♭을 주음으로 하는 에오리아조(=자연적 단조)로 들리지만, ⎍17⎍ 에서부터는 멜로디음만을 보면 F의 프리기아, 그러나 화성 쪽에 A음이 나오므로 b♭단조

가 된다. 그런데 ⎍24⎍ 에 화성음 E가 포함되어 있기 때문에 다시 F를 주음으로서 의식한다. 이렇게 단조와 프리기아의 사이를 왔다갔다 하는 사이에 실은 A, E(F♭)의 2음이 준비되어 〔악보〕 라고 하는 짚시풍의 증2도를 2곳에 가지는 기법을 깨닫지 못하는 사이에 연주하게 되는 수법이다.

에오리아조와 프리기아조는(여기에서는 이 곡의 조표를 사용해서 썼지만) 〔악보 phryg. Aeol.〕 와 같이 주음으로 쓰는 음 — 즉, 출발점의 음이 상이할 뿐이다. 주음의 위치를 확실히 하기 위해서는 각각의 7도를 반음 올려서 이것으로서의 상행 이끎음으로 한다면

에오리아는 〔악보〕 (=화성적 단조)

프리기아는 〔악보〕 로 변화하지만 이것들 양자를 겹쳐서 혼합한다면

〔악보〕

라고 하는 소위 짚시 음계가 얻어진다.

알베니스는 이 구조를 〈엘 알바이신〉의 첫머리에 장난스럽게 이용했다. 〈이베리아〉 제3권에 이르러서는 작곡가의 기법 조작이 벌써 자유자재의 경지에 달한 감이 있다.

⎍69⎍ 에서는 2옥타브 간격의 유니즌으로 연주되는 플라멩코의 노래와 기타의 손놀림. stesso tempo che prima '처음과 같은 템포로', *bien articulé* '(각각의 음을) 잘 발음하고, 잘 울리게', avec le petite pédale, et bien uniforme de sonorité, en cherchant celle des inrtruments à anche '오른쪽 페달을 자제하고, 울림을 균일하게, 목관악기를 흉내내서' (anche는 오보에나 클라리넷 등의 리드).

⎍73⎍ 등. 기타의 손놀림의 마디에 붙여졌던 *céteste*는 '하늘의'란 뜻이지만, '체레스타와 같은' 의미로도 볼 수 있다. 또 *pédale céleste*에서 약음 페달을 가리키는 것이 있다. ⎍78⎍ , ⎍94⎍ 의 〰 = ♪ 로, 작은 음표는 박자의 직전에 칠 것. ⎍97⎍ *mordan*: '예리하게' mordre '씹다'에서 온 말.

⎍165⎍ 이후, 플라멩코의 노래가 풍부한 화성으로 등장하지만, *ff*의 지시를 보고 오른손의 화음이나 베이스의 옥타브를 강조하지 말 것. 어디까지나 풍성한 느낌의 노래로 울려퍼지게 할 것. 또한 ⎍165⎍ 의 *sf*는 첫번째 박자 뒤에서부터 시작하는 프레이즈에 걸리는 *finforz.*의 의미로 쓰여진 것.

⎍213⎍ 이하의 멜로디가 다성적으로 된 부분은 오리지널에서 거의 이음줄이 없는 채 쓰여져 있다. 교정자가 보완한 이음줄은 어디까지나 시안에 지나지 않으므로, 여러 가

지로 읽는 법이 가능할 것이다.

[245] 이하 종결까지는 어떤 의미에서 알베니스의 창작에 있어서 최고 도달점을 의미하고 있다. 가슴에 젖어드는 흐느껴 우는 듯한 플라멩코의 선율, 베일에 둘러싸인 *ppppp*의 희미한 모습, 또 [289] 이하 저음역에서 속삭임과 같이 반복되는 플라멩코의 울림, 어찌됐든 천재의 필치이다. 이와 같은 섬세한 표현이 연주자에게 요구하는 것은 상당히 크다. 그러나 이 몇 페이지를 열심히 연구한다면 음색이나 울림의 밸런스에 대해 민감한 귀를 가지게 될 것이며, 특히 고도로 세련된 터치를 익힐 수 있을 것이다.

[245] 의 *sin'al maggiore* '장조까지' 의 *maggiore*는 구체적으로 [250] ~ [252] 의 오른손 장3화음을 가리키고 있다.

[249] *vibrato* '울리게 하고'

[253] *commencez doucement et ne reprenez le mouvement que graduellement, mais toujours un peu retenu* '부드럽게 시작하여 아주 조금씩 점차 템포를 원위치로 되돌리며, 그러나 의연하게 *unpoco ritenuto*'

[290] sombrement '조금 어둡게, 음산하게'

[312] *brusquement* '느닷없이, 거칠게'

제2곡 〈엘 폴로〉

〈이베리아〉 중에서는 약간 수수한 곡이지만, 올리비아 메시앙의 찬사가 아니더라도 대단히 충실한 내용을 가진 작품. 이 곡은 원래부터 읽는 것조차 용이하지 않았기 때문에 연주하기 힘들었다. 게다가 종래의 출판보가 불완전한 것(전 12곡 중 미스프린트가 가장 많음)도 한몫하여 오늘에 이르기까지 그 진가를 충분히 인정받지 못했다.

〈엘 폴로〉는 그 음악 작품으로서의 진가를 제쳐 두고라도 화성의 복잡함, 인접음(앗차카투라)의 사용, 빈번한 조바꿈 등 특이한 점도 많고, 연주 기법상에 있어서도 극단적인 양손의 교차나 도약 등 피아니스틱하며 흥미진진한 난제를 제공하는 귀중한 곡이다.

먼저 전곡의 구조를 설명해 보면 :

서주 [1] ~ [6] , A [17] ~ [110] —이 사이 F를 주음으로 하는 에오리아조=자연적 단조이며, 화성음에는 B, E가 빈번하게 출현(집시 음계), 베이스는 [63] 까지 F음을 고수.

B [111] ~ [234] A의 몰듀아에서 시작되는 조바꿈이 어지러운 부분.

A´ [235] ~ [292] A의 단축된 재현.

B´ [293] ~ [368] B의 변형된 재현. F—몰듀아에서 시작된다.

Coda [368] 이하 A에 의함.

[111] 에서 시작하는 B부분 중 [166] 까지는 A♭—몰듀아에서 d♭단조로 기울어짐. 이하 [175] F♭장조~[183] e단조 ~[191] G장조~[199] g단조~[207] B♭장조~[215] b♭단조 ~[223] f단조로 진행. 이 사이는 특히 읽기 귀찮은 부분이므로, 연습에 들어가기 전에 조바꿈이나 화성 진행을 잘 조사해 두는 것이 능률적이다.

이 작품에서는 화성에 2도 음정이 많이 사용되고 있다. 이것들을 균일하게 확실히 동시에 울리도록 배려할 것. 작곡자의 페달 지시는 자주 발을 떼는 기호를 생략하고 있다. 이러한 부분에서는 연주자 각자가 페달의 장단을 판단하지 않으면 안 된다. 이 곡의 음의 배치와 양손배분 방법에 가끔 심술궂다고 말하고 싶을 정도로 무리하고 어려운 문제가 포함되어 있다. 이들에 대한 편집자의 자세는 운지 숫자로 반영시켜 두었다. 오리지널 배분에 어디까지 충실하게 따를 것인가 하는 것은 각 연주자의 역량과 취향에 달려 있다.

첫머리의 폴로 리듬은 두 마디를 한 조로 생각한다. 즉 $\frac{3}{4}$ (헤미올라)으로도 들리도록 *bien rythmé=ben ritmato*. 스타카토는 *mordant*〈예리하게〉 쳐야 하지만, 전체적으로는 *p dolce*되고 있음을 잊지 말 것.

[17] 에서부터 리듬을 타고 노래가 시작된다. *le chant marqué et très souple* '멜로디를 확실히, 그리고 대단히 매끄럽게', *doux en sanglotant* '부드럽게, 흐느껴 울면서'. [19] [23] 등의 프랄트릴러 음형 은 작은 음표를 박자 앞에 내어서 재빨리 연주할 것.

[49] ~ [50] *toujours dans l'esprit du sanglot* '언제나 흐느껴 우는 기분으로'

[64] ~ [65] *vien rythmé et détaché=ben ritmato e sciolto* '충분히 리드미컬하게, 그리고 잘 끊고'

[69] *effleurant les notes* '키에 가볍게 닿게'

[73] *bien atténué* '충분히 약하게'

[82] *élargir = allarg.*

[95] *en traînant* '끌려서' 템포에 관해서 말함.

[101] ~ [102] *un peu indécis* '약간 망설이듯이, 확신이 없는 채로'

[111] 에 시작되는 B부분의 주제는 가끔 끊기는 A주제와 대조적인 성질을 지니며, 내성에 있어서는 멜로디 쪽이 헤미올라이다. 8마디마다 들어가 합쳐지는 손의 음형은 자주 조바꿈 요소가 되기 때문에 *sf*에서 명확히.

[111] , [112] 등 오른손에 나오는 꾸밈음은 앗차카투라의 기능을 갖는다. 이것들은 박자에 아주 가깝게 예리하게 울리지 않으면 안 된다(거의 동시에). 본서에서 [111] 첫번째 박자 앞에 기입하고 있는 *poco sf*는 *rinf.*의 의미로, 이 프레이즈로의 진행을 확실히 하기 위한 것으로 여겨지나, 오른손 화음에 걸릴지도 모른다. *bien chanté et bien en*

dehors '충분히 두드러지게'.

$\boxed{193}$ *piquant* '얼얼하게 매운, 통렬한'

$\boxed{207}$ 의 *sempre animato* 내지 $\boxed{215}$ [*meno f*] 부근부터는 오르막이 된다. 1줄의 *cresc.*로 $\boxed{235}$ 까지 진행된다.

$\boxed{235}$ A′ 부분. A의 재현이지만 베이스가 C음을 지속하는 위에 *fff*의 튜티(tutti).

$\boxed{242}$ *bien détacher la m.g.* '왼손의 음을 잘 끊을 것'

$\boxed{243}$ *toujours fort et viril* '변함없이 강한 남자답게'

$\boxed{293}$ B′ 부분. F – 몰듀아에서 재현. $\boxed{321}$ 에서 일단 *f*로 음량을 내려 $\boxed{327}$ 까지 맹렬한 *crescendo*, 그리고 $\boxed{328}$ 에서 *subito p*.

$\boxed{329}$ 이하는 앞에서 설명한 대로 정말로 심술궂은 난제가 담겨진 부분. 이곳은 예를 들어 오리지널대로 연주해도 악상부터 쉽게 어려움 없이 연주하고 있는 것처럼 들리지 않으면 의미가 없다.

제3곡 〈라바피에스〉

〈알메리아〉〈엘 폴로〉와 더불어 올리비아 메시안이 특히 좋아한 작품으로, 메시안은 〈이베리아〉에서 피아노 기법을 배웠다고 말하고 있다.

원주에도 있는 것처럼 라바피에스(스페인어의 v는 b로 발음)는 마드리드의 빈민촌. 하바네라풍의 리듬 에 의해 곡이 진행된다.

〈이베리아〉 중에서도 가장 거침없고 소탈하며 약간 익살스러운 느낌의 곡이지만, 편집자가 보기에는 12곡 중 〈헤레스〉와 함께 가장 연주하기 곤란한 작품이다.

이 곡에서 제일 난해한 점은 음의 수가 대단히 많은 데 있다. 대량의 밀집 화음에는 부가음 내지는 앞에서 서술한 앗차카투라가 여러 형태로 둘러싸고 있고, 종종 폴리포닉한 스타일로 쓰여져 있기 때문에 주요한 선을 찾아내어 연주하기가 대단히 어렵다. ―게다가 작곡자는 때때로 일부러 이것을 은폐하고 즐기고 있는 느낌이 든다. 이상은 울림의 밸런스에 관한 어려움.

다음은 좌우 양손이 서로의 움직임을 방해하듯이 무겁게 합쳐지므로, 울림의 밸런스를 고려하여 형편이 좋은 손가락 사용을 결정해도 이것에 제약을 받아 생각했던 것처럼 사용할 수 없다. 즉, 치기 쉬운 운지를 찾는 어려움.

그 위에 운지법을 찾는 데 혈안이 된 피아니스트들을 비웃듯이 작곡가는 폭군의 명령처럼 곡의 첫머리에 '쾌활하고 자유롭게 연주할 것'이라고 쓰고 있다. 이 곡을 즐겁고 유머러스한 무곡으로 들려 주기 위해서는 좋은 리듬 감각과 더불어 대단한 어려움을 이겨내려는 각오가 필요하다.

첫머리에 지시한 *sans presser*는 '서두르지 말고, 조급하지 않도록'의 뜻. 특히 $\boxed{2}$, $\boxed{3}$ 의 형태의 두 번째 박자에서 서두르기 쉬운데, 약한 박자나 박자 뒤에 악센트가 오는 듯한 케이스에서는 특히 주의가 필요하다.

$\boxed{1}$ ~ $\boxed{13}$ 의 사이에서는 멜로디선의 행방을 화살표로 표시하고 있지간, 이 곡에서는 이곳뿐만 아니라, 예를 들면 화음 중의 내성음이나 겹쳐져 만나는 양손의 안쪽에 중요한 멜로디음이 묻혀 있는 부분이 무척 많으며, 게다가 연주자가 자주 이것들을 스스로 찾아내야 한다. 페달 지시는 이것을 떼는 기호가 자주 생략된 곳이 많으므로 주의하도록.

$\boxed{1}$ *sonore* '울리고, 울리게 하고' 알베니스는 *Ped.* 지시에 이어서 이렇게 곁들여 쓰는 경우가 있다. 예를 들면 *Ped. et piano, Ped. ma p,* petite pedale et très estompé 등등.

$\boxed{4}$ *aimable* '사랑스럽게'

$\boxed{13}$ ~ $\boxed{14}$ *animé et joyeux = animato e giocoso*

$\boxed{14}$ 부터 $\boxed{20}$ 에 걸쳐 베이스의 선 등이 8분음표, 작은 음표 양쪽에 기보되어 있지만, 어느 쪽도 확실히 건반을 치 리듬이 흔들려 들리지 않도록. 윗성부가 성가시기 때문에 누구나 베이스를 소홀히 취급하기 쉽지만, 사실은 거꾸로 토대의 음을 확실히 잡으면 오히려 윗성부의 연주가 쉽게 된다.

$\boxed{21}$ *très marqué*는 왼손의 des², as², des²의 각 음을 눈에 띄게 하라는 뜻. 이런 종류의 노파심에 의해 쓰여진 지시에 대해서는 이하 거의 언급 않는다. 이곳의 오른손으로 동시에 울리는 화음은 당연히 이들 음보다도 약하게. *toutes les pédales bien tenues* '모든 페달을 유지하며', 이것은 이곳에서 $\boxed{31}$ 까지의 Des – As에 대한 지시.

$\boxed{62}$ 작은 음표는 박자의 앞에서 재빠르게.

$\boxed{70}$ 에서부터 새로운 리듬이 등장하고, $\boxed{78}$ 에서 시작하는 주제를 받아들일 준비를 한다. narquoisement '놀리며, 사람을 바보 취급하는 것처럼', ALP의 스페인어 번역에서는 con picardía '장난스럽게' 이곳에서도 두번째 박자의 리듬에서 서두르지 않도록.

$\boxed{78}$ stesso Tempo (*bien rythmé*)에서, 내성에 유머러스하고 유쾌한 멜로디가 시작된다. 이러한 형태는 비교적 눈에 띄기 쉽다. *la main droite mezzo forte laissant ressortir le chant* '오른손을 *mf*로 (왼손의) 멜로디를 뛰어나게'. 2마디마다에 들어가는 장난치는 듯한 손의 화음에 붙여졌던 *lancé*는 '내던지다'의 뜻. 이들 앗차카투라는 대단히 예리한 *sec*로.

$\boxed{124}$ *plein* '충실한, 듬뿍'.

$\boxed{141}$ 이후 베이스는 B♭의 지속음(오르겔푼크트)이 나오지만, 이곳에서부터는 이 곡 전반의 클라이맥스, 기분이

고양되어 정열적으로 된다. 154 의 *avec grâce et aisément* 'grazioso로 홀가분하게'로 지시되었던 부분에서 일단 기세가 느슨하게 시작하지만, 169 에서 베이스가 G음으로 움직여 175 의 첫머리 주제 재현을 향해서 다시 활기를 찾아간다. 169 에서부터의 6마디 사이는 무척 읽기 어렵지만, 요약하자면 D장조의 딸림7화음으로 바꾸어 이것을 기준삼아 전후 관계를 더듬어 가면 비교적 간단하게 파악할 수 있다.

198 *martelé=martellato*

202 *narquois*, 70 의 *narquoisement*를 보라. *canaille* '야비한, 상스러운'. 이곳의 *sans pédale*은 문자대로 하지 않아도 됨. 78 이하와 같은 페달링으로 무방하다고 생각함. 단, 음역이 낮게 되어 있으므로 짧게.

225 *avec emportement* '흥분하여 격렬하게'

226 이 부근은 전곡의 클라이맥스. 141 이하에서도 더욱 열렬히. *très sacande (scandé)* '감정은 엄격하게'

223 *brutal* '고약하게, 난폭하게', 원뜻은 '짐승과 같이'

253 *assez=assai* '충분히'

[이베리아] 제4권

제1곡 〈말라가〉

말라가는 말라게냐 mulagueña 근처의 지명이다.

F − 프리기아에서 시작되고 리듬에 𝅘𝅥𝅮 𝅘𝅥𝅮𝅘𝅥𝅮 𝄂𝅘𝅥𝅮𝅘𝅥𝅮𝅘𝅥𝅮 𝅘𝅥𝅮 의 헤미올라가 빈번히 출현한다. 연주상의 어려움은 주로 페달링과 울림 부분에서 밸런스를 취하기 어렵다는 점이다.

1 ~ 16 처럼 비교적 저음역에 음이 밀집되어 있는 부분에서는 페달은 될 수 있는 대로 아끼는 편이 좋다. 페달을 길게 밟으면 현대 악기로는 너무 울리므로 세세한 음의 윤곽이 희미하게 되어 버린다. 작은 음표는 겹꾸밈음, 짧은앞꾸밈음에 상관없이 모든 박자의 앞에서 재빠르게. 이 곡은 템포가 빠르므로 이것들을 선명하게 치기가 무척 어렵다.

1 은 세세한 부분을 명료하게 들을 수 있다면 *mf*보다는 *p*가 좋다고 생각한다. 이곳의 16마디 사이는 한 줄의 긴 *cres.*를 만들어 내고 있다. 약음에서부터 시작하는 것이 더욱 효과적. *rêveur* '꿈꾸는 듯한, 방심한'의 뜻의 형용사. 약간 의외의 악상 지시로 느껴지지만, 푸르고 달콤한 꿈이 아닌 무언가 절박감을 동반한 꿈이라고 해석한다면 이해

할 수 있을 것이다.

17 주요 주제의 등장. 𝅘𝅥𝅮 𝅘𝅥𝅮 와 같은 형태로 짧은 음표에서부터 ━━━ 가 시작하는 케이스에서는 이음줄의 첫부분에 악센트가 붙지 않도록 특히 신경을 쓸 것. *Ped. ma non f* '(긴)페달을 밟지만 울림이 너무 높아져 오른손을 방해하는 일이 없도록'이란 의미로 기입되었다.

26 의 2 *Ped*에 주의. 이곳은 *subito dolce*에서 갑자기 음색과 표정을 변화시킬 필요가 있다. 이하 37 까지 마디마다 2 *Ped*로 되어 있지만, 이 사이의 약음 페달은 계속 밟은 채로 있고, 오른쪽 페달만을 바꾸어 밟음. 30 등 왼손에 겹꾸밈음이 있는 마디에서는 이것들을 피해서 꼼꼼하게 페달을 밟는 것이 현명.

38 ~ 41 에서는 페달을 짧게, 왼손 8분음표의 움직임을 논 레가토로 리드미컬하게 치는 것이 좋다. 42 *Ped. et piano=Ped. ma non f*(17).

54 Ped. de piano fixe는 '약음 페달은 계속 밟은 채로'의 뜻으로, 26 이하와 같이 2 *Ped*.를 반복해서 쓰는 것이 번거롭기 때문에 이러한 방법으로 쓴 것 같다.

58 새로운 주제의 등장. 이것을 첼로의 고음역의 칸틸레나처럼 낭랑하게 울리도록. 왼손에 강음 지시가 없지만 *mf* 내지는 *poco f* 정도. 이곳에서부터는 오른손과의 밸런스가 대단히 어렵다.

오른손은 *pp*라고 해도 단2도를 많이 사용하여 세세한 형태를 알아 듣기 어려울 정도. 페달링에 대해서도 경우에 따라서는 베이스의 지속을 단념하고 바꾸어 밟는다든가 가볍게 밟는 방법(하프 페달)을 이용하여, 울림 전체가 너무 크게 되어 칸틸레나를 없애는 일이 없도록 신경 쓸 필요가 있다. 칸틸레나의 4마디째마다 겹쳐지는 손은 샤프로 울리게.

77 *en dessous=sotto*, 이곳에서는 '오른손을 밑에'의 뜻. 127 *en dessus=sopra*, 이곳에서는 '왼손을 위에'의 뜻.

162 이곳에 2회만 2 *Ped*.로 되어 있지만, 이하는 생략한 것.

186 *pieno sonoro ma non f* '풍부하게 울리게, 단 *f*에서는 없게' 이 *pieno*는 여러 판에서 자주 *piano*로 오기되어 있다.

200 ~ 203 넓은 홀에서는 페달을 이 정도로 계속 밟고 있는 것이 좋음. 229 ~ 231 에서도 같음. 216 ~ 217 페달을 아주 짧게. 왼손을 확실히. *brusque* '거칠게'

제2곡 〈헤레스〉

〈이베리아〉 전 12곡 중에 가장 장대한 작품. 감히 편집

자의 사견을 말한다면 알베니스의 최고 걸작이다. E-프리기아가 기조로 되어 있으나, 그 고풍스러운 건물이나 지붕을 연상케 하는 모습이나, 종결 부분에 있어서의 천국에서 들려오는 듯한 청정한 울림은 이 곡에서 아니면 느낄 수 없는 기품을 부여하고 있다.

67 이하의 c-몰듀아에서 시작해 풍부한 색채로 울려 퍼지는 조바꿈, 이것을 타고 끊임없이 계속되는 무어 아라비아풍 노래의 환상, 여기에 필적하는 것은 〈알메리아〉의 후반 부분뿐 : 또 202 부터 카덴차풍의 부분에서 마치 이 세상에 존재하지 않는 듯이 울리는 델리케이트한 음이 〈엘 알바이신〉의 코다를 능가한다고 생각된다.

〈이베리아〉라고 하면, 〈세빌랴의 성체제〉와 〈트리아나〉와 같이 화려한 측면이 눈에 띄고 그외의 곡은 그 예술적 진가가 음미되지 않고 등한시되어 온 경향이 있다. 〈헤레스〉가 일반에게 잘 알려져 있지 않은 이유의 하나는 역시 쉽게 접근할 수 없는 연주상의 어려움 때문이다.

이 곡에는 몇 부분에 불과하지만, 손이 작은 연주자는 어쩔 수 없이 극복 못할 어려움이 존재한다. 52 ~ 53 및 이곳과 같은 부분을 보라. 많은 명인들도 이곳에서는 음을 생략하는 것으로 넘어가고 있다. 또, 손이 겹쳐지면서 생기는 피아니스틱한 아크로바트적 난제(알베니스 자신은 이것이 가능하다고 생각했던 것일까?)가 21 부터 25 에 걸쳐 준비되어 있다. 이 정도로 극단적이지 않다고 해도 오리지널대로의 손의 배치로는 운지법의 선택이 대단히 한정되어 버리는 케이스가 많다.

편집자는 〈라바피에스〉와 더불어 이 작품을 〈이베리아〉 중에서 가장 난해한 곡이라고 생각하고 있다. 어마어마한 곡이므로, 먼저 곡 전체를 대충 훑어 보자.

A 1 ~ 66 E-프리기아를 기조로 한 $\frac{3}{8}$ 의 반복 진행 부분을 가짐.

B 67 ~ 154 C-몰듀아(7도가 반음 내려져 있음)로 시작하는 조바꿈을 반복.

A′ 155 ~ 182 E-프리기아, A의 단축 변형된 부분.

B′ 183 ~ 205 A-몰듀아, B의 약간 단축 변형된 부분. 202 ~ 205 는 카덴차

A″=코다 206 이하 E-프리기아로부터 E-믹소리디아로.

1 ~ 16 이 사이는 수평, 수직으로—즉 선율, 화성 양면이 언제나 E-프리기아 기법의 음만으로 쓰여져 있다. 따라서 검은 건반은 일체 건드리지 않는다. 그리고 기법이 현악 합주 내지는 오르간 스타일이라는 것이 이 부분의 고풍스럽고 장중한 분위기의 원천이다.

9 왼손의 폭넓은 화음으로 *sans arpéger* '아르페지오로 하지 말고'라고 지시된 것은 이러한 울림의 성질에서 비롯된 것이다. 어쩔 수 없이 이것을 나누어 연주한다면, 가능한 한 비동시성을 깨닫지 못하도록 재빠르게 연주할 것. 2 의 *poco sf*는 프레이즈의 시작을 확실히 하기 위한 지시.

17 에서부터는 현악기 및 다른 악기로 합세하여 오케스트라적인 울림이 그 폭을 넓혀 풍부한 색채로 채색된다(라고 상상하면 된다). 21 이하의 양손의 음역의 교차는 혹시 복수의 건반을 가진 오르간이나 쳄발로에서 유래된 것일까? 여하튼 이곳부터 몇 마디 사이는 이 곡 제일의 난관이다. 편자의 운지는 텍스트에 나타낸 바와 같이 절충한 것이지만, 이글레시아스는 ALP에서 이곳의 테너와 알토 성부를 바꾸고 있다. 어떻게 손의 배분을 변경한다고 해도, 레가토와 스타카토의 혼합에 의해 생긴 오리지널의 음질과 밸런스를 잃지 않도록 세심한 주의를 기울이도록.

28 에서부터는 $\frac{3}{8}$ 으로 바뀌어 반음계적으로 오르내리는 반복 진행. 미묘한 음영으로 가득찬 화성 진행은 말로 형용할 수 없다. 템포는 2 mesures en font une antérieure '이곳 두 마디가 이전의 1소절에 상당' 즉 ♪≒♪을 기준으로 ♩=46의 뜻. *bien enveloppé*는 '충분히 겹친, 피복된' 이 원래의 뜻으로 '분명하지 않은 음으로'의 뜻. 이글레시아스는 오른손의 최하음을 전부 왼손으로 치고, 또 41 이하에서는 좌우의 내성음을 바꾸고 있다.

52 , 53 의 오른손, 마디의 후반에 제2의 난관이 있다. 많은 피아니스트가 두번째 박자 다음의 a, 세번째 박자의 e^1과 a^1을 치지 않음. 56 이하에서, 이글레시아스는 음이 높아지는 데 따라 좌우 보표에서의 배분을 바꾸고 있다. 57 이하에서는 각 마디 끝의 3도를 오른손으로 치면 연주가 더욱 용이하게 된다.

67 *poco meno che prima e cantando* '처음보다 조금 느리게, 노래하고'라고 지시된 이 마디에서부터 180° 악상이 변하여, 넓게 확산된 화성음과 첫머리 주제에서 시작된 고집스러운 리듬 을 타고 끊임없이 칸틸레나가 계속된다. 화성의 미묘한 변화와 조바꿈을 민감하게 반영하여 표현에 다양성을 부여할 것. 그렇지 않으면 이 부분은 장난스럽게 장황하게 들릴 우려가 있다. 멜로디음은 화성이나 반주 음형으로부터 잘 분리시켜서 항상 충분하게.

68 의 은 처럼 박자 위에서 시작하고, 왼손의 둘째음과 오른손의 본음표와 맞춘다(이하 같음). 74 처럼 곁꾸밈음은 항상 박자 앞에서 재빠르게. 98 과 99 의 첫번째 박자의 ces^1과 c^1은 어느 쪽도 멜로디음, *p*에서는 표정을 넣어서. 100 *très vague* '아주 살짝'. 102 의 첫번째 박자 앞의 ces^1-bb^1-ces^2와 103 의 작은음표들을 동반하는 des^1-f^1도, 98 , 99 에서도 같다. 다른 반주음과 잘 분리하여 충분히 울려퍼지게 할 것.

130 *la main droite très légèrement, le chant très marqué*

sans être fort '오른손은 가볍게, (왼손의) 멜로디는 확실히, 단 *f*가 아님, 이곳부터 [149] 까지의 오르막에서는 $\frac{1}{4}$ 박자 마디의 왼손이 항상 ──── 로 움직이고 있는 것에 주목. [149] 이하의 *ff*, *fff*에서는 신중히 키를 누르듯이. 음량은 늘어나나 풍부하게 울려 퍼지도록 해서는 안 된다.

[155] 에서 첫 부분의 재현. 단축되었던 만큼 기법이 세밀하게 되어 있는 한 음 한 음을 정중히 취급할 것.

[183] 제2부분의 재현. 원래 C–몰듀아가 이곳에서는 A–몰듀아로 옮겨져 이 곡의 기조 E–프리기아와 5도 관계를 이루고 있다는 것에 유의하여야 한다. [187] *avec beaucoup de laisser aller=très abandonnément* '마음 내키는 대로, 충분히'라는 뜻.

[202] *effleurez la note pppp mais laisser vibrer* '이 음을 가볍게 터치하고, *pppp*로 (페달로) 계속 울리도록'. 이것은 베이스음에 관한 지시.

제3곡 〈에리타냐〉

〈이베리아〉 제4권의 마지막을 장식하는 데 어울리는 곡. 화려하면서도 맑고 상쾌한 바람과 같이, 무엇인가 세속에서 벗어난 듯한 깊은 맛을 표현하고 있다. 전곡은 세빌랴나스의 리듬에 실려 진행된다. 결코 느슨함이 없다. 〈엘 알바이신〉과 함께 드뷔시가 칭찬한 작품. 프랄트릴러가 이 곡에서는 ⌷⌷ 와 ∼ 의 양쪽으로 쓰이고 있지만 같이 사용하여도 무방하다. 이들은 박자 앞에서 재빨리 처리할 것.

[3] ~ [4] 및 비슷한 마디에서는 특히 손이 작은 연주자는 오른손의 최하음 g¹, as¹을 왼손에 맡길 것을 권유한다. ALP는 이곳을 아래의 악보와 같이 표시하고 있으나, 본서에서는 오리지널 상태로 기입하였다.

이유는, 작곡자의 이미지가 밀집 화음에 있지 않고, 개리위치에서 시작되고 있음을 텍스트에서는 무시하는 것이 좋다고 판단했기 때문이다. 물론 오리지널 텍스트를 본 후에 연주자 각자가 위에서 말한 것처럼 손의 배분을 변경하는 것도 좋을 것이다. 그러나 오리지널 기보를 전혀 모르는 채 ALP와 같이 바꿔 쓴 판에 의존한다면, 음향의 밸런스와 음색이라는 표현상의 델리케이트한 면에서 작곡자의 의도가 무시될 우려가 있다.

페달 지시는 이 작품에서도 발을 떼는 기호가 여기저기에 생략되어 있다. 리드미컬한 부분에서는 페달을 항상 짧게 사용하는 것이 좋다.

[28] (상) 이글레시아스는 이 마디의 첫번째 박자 앞의 화음 b¹, 두번째 박자 다음의 화음 g¹, c² 다음의 f¹, c², 그리고 마지막 화음인 as¹을 생략해도 좋다고 하나, 편집자는 이 부분을 오리지널과 같이 연주하는 것이 좋다고 생각한다.

[51], [53] 이들 마디의 오른손 두번째 박자의 *sf*는 이 음줄이 시작되는 첫 부분을 확실히 하기 위하여 표기한 것이다. 이것을 너무 강조하지 않도록 할 것. 또한 왼손의

세번째 박자는 　　　　 처럼.

[54] *cédez=riten.* 원래 뜻은 '양보하다, 약해지다. 낙담하다'

[59] ~ [69] 는 알베니스가 피아니스트에게 던진, 악보를 읽는 능력과 양손이 얽히는 난해한 문제이다. 힌트는 D♭장조∼d♭단조∼F♭장조∼a♭단조이다.

[73], [74] (하) 기보 방법은 틀리지만 [51], [53] 과 같은 요령으로.

[144] ~ [145] 과장된 *rit.*는 하지 않는다. 거의 in tempo로 깔끔하게 마무리짓는다.

[나바라]

열렬한 코플라 부분을 중앙에 놓고 그 전후에 호타 (jota)의 리듬에 의한 알레그로를 배치한 A–B–A′–coda 로 구성되어 있다. A′ 부분에서 [229] 이후는 세브라크가 보완한 것이다.

[1] ~ [8] 은 서주, [4] 까지는 페달을 바꿔 밟지 않는 것이 좋다고 생각된다. ALP는 첫머리에 메트로놈 ♪=168로 지시. 편집자는 [5] 의 호타 리듬이 시작된 곳부터 이 템포로. [4] 까지는 *pesante* 템포로 조금 늦어도 무방하다고 생각한다.

[5] *p ma pieno e sonoro* '*p* 단, 충분히 울리도록'. 이 *pieno*는 *piano*로 잘못 사용되는 단어. 여기서부터의 페달은 발을 떼는 타이밍을 각자가 잘 판단하여야 한다. 베이스를 완전히 남길 것인가, 빨리 중지하고 스타카토와 그 외의 것을 살릴 것인가, 혹은 페달을 가볍게 밟을 것인가 등.

[69] 이후에 *ffff*의 화음은 첫머리와 같이 *pesante*로 조금 템포를 낮추어 충분히 울릴 것.

106　*grand et emphatique* '장대하게, 자랑스럽게'. *retenez=ritenuto.*

107　*poco meno che prima*부터가 B부분. 원래는 여기에 a tempo가 있었으나(교정 보고 참조), 105 에서 기본 템포 가 Andante로 변경되었으므로 *Tempo primo*로 고쳤다. *poco*라고 되어 있으나 상당히 템포를 떨어뜨려야 한다. ♪=120 정도. 이 열렬한 코플라의 낭랑한 울림은 오케스트 라적인 폭을 지니고 있다. 강한 화음을 울릴 때 필히 팔을 쭉 뻗을 것. 가끔 이곳의 베이스를 오른손 선율보다 크게 울리며 연주하는 사람이 있으므로 냉정하게 밸런스를 판 단할 것.

134　윗단 2박자째의 es²−es³를 ALP는 des²−es³로 표 기하였으나, 편집자는 이것들을 합쳐서 des²−es²−es³로 연주해도 무방하다고 생각한다. 142 에서도 음높이가 한 옥타브 위이지만 동일하다.

171　*strident* '날카롭게, 높은 음으로'

225 ～ 226 가운뎃단의 작은 음표는 이글레시아스의 ALP에 의한 음높이. 이것만으로는 음역의 관계에서도 알 아들을 수 없다. 혹은 오기일지 모르지만, 편집자는 양쪽을 섞어서 옥타브로 치는 것이 하나의 방법이라고 생각한다.

229　이후의 세브라크에 의한 보완 부분에 관하여. 이 글레시아스도 지적한 것과 같이 보완한 내용은 유감스러 우며, 이 작품의 정신 및 양식과 상당히 이질적이다. 한발 양보해서 평가해도 뛰어난 보완이라고는 볼 수 없다(지금 은 이것과 바꿀 수 있는 내용이 없기 때문에 많은 피아니 스트가 이 보완된 곡집에 의존하고 있다고 하지만). 세브 라크가 생전에 알베니스와 친분이 있었다고 해서 알베니 스의 예술을 진정으로 이해한 최적의 교정자라고 할 수는 없다.

이 소박한 프랑스의 전원 시인은 원곡이 드디어 거대한 절정으로 치닫는 시점에서 그 등정을 단념하고 급거 하산 하고 말았다. 너무나도 빨리 등장한 코다가 상당히 감상적 이라고 말할 수밖에 없다. 241 ～ 246 에는 세 마디 구조 의 프레이즈가 등장하는데, 알베니스가 228 까지를 예외 없이 철저하게 네 마디의 프레이즈로 일관하고 있어, 이 부분은 '나무에 대나무를 붙인'듯한 느낌을 떨칠 수 없다. 확연히 〈이베리아〉 제1곡 〈에보카시온〉 끝부분과의 부합을 의도한 종결부의 두 음을 라로차 여사는 *ff*로 치고 있다.

알베니스가 이 작품에 담으려고 했던 것, 그것은 바로 쇼팽이 조국에 대하여 품었던 감정과 같은 것이었다고 생 각된다. 즉, 조국 스페인에 대한 열렬한 애국심의 발로였다 고 생각된다. 〈나바라〉가 미완성으로 끝난 것을 아쉬워하 며, 불치병에 걸렸으면서도 이와 같은 정열을 가슴에 품고 있었던 작곡가의 영혼을 불러내어(에보카시온!) 그 뜻을 이어받아 이 곡을 완성시킬 수 있는 음악가의 출현을 기 대한다.

■春秋社版/세계음악전집 목록

* 표시는 미출간 도서

No.	도서명	작품명	No.	도서명	작품명
1	바로크 피아노곡집	뷜리 / 쿠프랭 / 라모 / 다캥	40	리스트 1	소나타 / 폴로네즈Ⅱ / 발라드Ⅱ / 메피스토 왈츠Ⅰ / 즉흥곡 왈츠 / 잊어버린 왈츠 제1번 / 위로 / 2개의 전설
2	스카를라티 1	소나타집 제1권(전50곡)	41	리스트 2	사랑의 꿈 / 시적이며 종교적인 선율 / 순례의 연보 제1년 / 순례의 연보 제2년 / 베네치아와 나폴리-순례의 연보 제2년 보유 / 순례의 연보 제3년
3	스카를라티 2	소나타집 제2권(전50곡)	42	리스트 3	초절 기교 연습곡 / 파가니니에 의한 대 연습곡 / 3개의 연주회용 연습곡 / 2개의 연주회용 연습곡
4	스카를라티 3	소나타집 제3권(전50곡)	43	리스트 4	헝가리 랩소디(15곡) / 스페인 랩소디
5	바흐 1	평균율 클라비어곡집 제1권	44	리스트 5	피아노 독주용 개편곡집
6	바흐 2	평균율 클라비어곡집 제2권	45	리스트 6	연주회용 패러프레이즈집
7	바흐 3	프랑스 조곡 / 영국 조곡	46	차이콥스키	소나타 / 사계 / 무언가 / 로망스 / 유모레스크 / 야상곡 외
8	바흐 4	2성부 인벤션 / 3성부 신포니아	47	드뷔시 1	2개의 아라베스크 / 베르가마스크 조곡 외
9	바흐 5	파르티타 / 프랑스 서곡 / 이탈리아 협주곡 / 반음계적 환상곡과 푸가 / 카프리치오	48	드뷔시 2	판화 / 환희의 섬 / 영상 제1, 2집 / 조곡 '어린이 차지' / 12개의 연습곡
10	바흐 6	토카타집	49	드뷔시 3	전주곡집 제1, 2권
11	헨델	조곡집 / 3개의 연습곡 / 샤콘느와 변주곡 / 환상곡 / 푸가	50	포레 1	야상곡집 (전11곡)
12	하이든	소나타집 / 주제와 변주 / 안단테와 변주 / 환상곡 / 카프리치오	51	포레 2	뱃노래집(13곡)
13	모차르트 1	소나타집 제1권(전10곡)	52	포레 3	주제와 변주 / 즉흥곡집(전6곡) / 전주곡집(전9곡) / 마주르카
14	모차르트 2	소나타집 제2권(전9곡)	53	포레 4	발라드 / 발스·카프리스 / 무언가 / 소품집
15	모차르트 3	변주곡집 / 소곡집	54	포레 5*	듀엣곡집 / 마스크와 베르가마스크 / 환상곡
16	베토벤 1	소나타집 제1권(전11곡)	55	스크랴빈 1	소나타집 제1권
17	베토벤 2	소나타집 제2권(전12곡)	56	스크랴빈 2	소나타집 제2권
18	베토벤 3	소나타집 제3권(전9곡)	57	스크랴빈 3	에튀드
19	베토벤 4	변주곡집(전10곡)	58	스크랴빈 4	전주곡집
20	베토벤 5	바가텔집 / 전주곡 / 론도 / 환상곡 / 폴로네즈 / 안단테 / 엘리제를 위하여 / 에코세즈	59	스크랴빈 5*	마주르카와 즉흥곡집
21	베버	소나타집 / '오라, 아름다운 도리나 벨라'에 의한 변주곡 / 모멘트 카프리치오소 / 화려한 론도 / 무도에의 권유 / 화려한 폴로네즈	60	스크랴빈 6	시곡집 / 알레그로 아파시오나토 / 연주회용 알레그로 / 환상곡 / 환상곡(2대의 피아노) 유작
22	슈베르트 1	소나타집 제1권(전6곡)	61	스크랴빈 7*	소품집
23	슈베르트 2	소나타집 제2권(전5곡)	62	시마노프스키 1	9개의 전주곡 / 변주곡 / 4개의 연습곡 / 소나타 제1번
24	슈베르트 3	환상곡 / 즉흥곡 / 악흥의 한때	63	시마노프스키 2	폴란드 민요에 의한 변주곡 / 환상곡 / 전주곡과 푸가 / 소나타 제2번
25	멘델스존 1	소나타 / 엄격 변주곡 / 안단테와 변주곡 / 기상곡 / 론도 카프리치오소 / 3개의 환상곡 또는 기상곡 / 전주곡과 푸가 / 어린이를 위한 소곡집 / 3개의 연습곡 / 안단테 칸타빌레와 프레스토 아지타토	64	시마노프스키 3	메토프 / 12개의 연습곡 / 가면극 / 소나타 제3번
			65	시마노프스키 4	마주르카집 / 발스 로맨틱 / 4개의 폴란드 무곡 / 2개의 마주르카
26	멘델스존 2	무언가집	66	생상스	카프리스 외
27	쇼팽 1	소나타집 / 발라드집 / 즉흥곡집	67	알베니스 1	이베리아 제1, 2권
28	쇼팽 2	환상곡 / 스케르초집 / 녹턴집	68	알베니스 2	이베리아 제3, 4권 / 나바라
29	쇼팽 3	왈츠집 / 마주르카집	69	알베니스 3	아라곤 – 호타 아라고네자 / 세레나다 에스파뇰라 / 조곡 〈스페인 노래〉(전5곡) / 스페인 조곡(전8곡)
30	쇼팽 4	24개의 전주곡집 / 전주곡 / 12개의 연습곡집 / 3개의 연습곡	70	라벨 1	그로테스크한 세레나데 / 고풍스러운 미뉴에트 / 죽은 왕녀를 위한 파반느 / 물의 장난 / 소나티네 / 거울
31	쇼팽 5	폴로네즈집(전11곡)	71	라벨 2	밤의 가스파르 / 하이든의 이름에 의한 미뉴에트 / 우아하고 감상적인 왈츠 / 전주곡 / 쿠프랭의 무덤
32	쇼팽 6	론도 / 마주르카풍 론도 / 화려한 변주곡 / 변주곡 / 볼레로 / 타란텔라 / 연주회용 알레그로 / 자장가 / 뱃노래 / 장송 행진곡 / 3개의 에코세즈	72	바르토크 1	2개의 엘레지 / 2개의 루마니아 무곡 / 4개의 만가 / 알레그로 바르바로 / 소나티네 / 루마니아 민속 무곡 / 루마니아의 크리스마스 노래 모음집
33	슈만 1	소나타 / 대소나타 / 프레스토 / 스케르초	73	바르토크 2	15개의 헝가리 농민가 / 3개의 연습곡 / 헝가리 농민가에 의한 즉흥곡 / 피아노 소나타 / 창 밖에서 / 민요 선율에 의한 3개의 론도
34	슈만 2	나비 / 다윗 동맹 무곡집 / 사육제 / 어린이 정경 / 크라이슬레리아나 / 빈사육제의 어릿광대	74	바르토크 3	랩소디 / 치크 지방의 3개의 민요 / 14개의 바가텔 / 7개의 스케치 / 3개의 부르레스크 / 무용조곡 / 9개의 피아노 소품
35	슈만 3	아베크 변주곡 / 토카타 / 알레그로 / 변주곡 형식에 의한 교향적 연습곡 / 아라베스크 / 꽃노래 / 노벨레테	75	바르토크 4	
36	슈만 4	환상 소곡집 / 환상곡 / 유모레스크 / 야상곡집 / 3개의 로망스 / 숲의 정경	76	바르토크 5*	
37	슈만 5	어린이를 위한 앨범 / 다채로운 작품 / 음악 수첩	77	바르토크 6*	
38	브람스 1	소나타집 / 변주곡집	78	바르토크 7*	
39	브람스 2	스케르초 / 발라드 / 왈츠 / 피아노곡 / 랩소디 / 환상곡 / 간주곡	79	러시아 5인조*	보로딘 / 큐이 / 발라키레프 / 무소륵스키 / 림스키코르사코프

※ 세계음악전집은 계속 이어집니다.